MON VILLAGE

PAR

PONSON DU TERRAIL

I

MADEMOISELLE MIGNONNE

PARIS

E. DENTU, ÉDITEUR

LIBRAIRE DE LA SOCIÉTÉ DES GENS DE LETTRES

PALAIS-ROYAL, 17 ET 19, GALERIE D'ORLÉANS.

MON VILLAGE

Paris. — Typographie E. PANCKOUCKE et Cie, quai Voltaire, 13.

PONSON DU TERRAIL

MON VILLAGE

I

MADEMOISELLE MIGNONNE

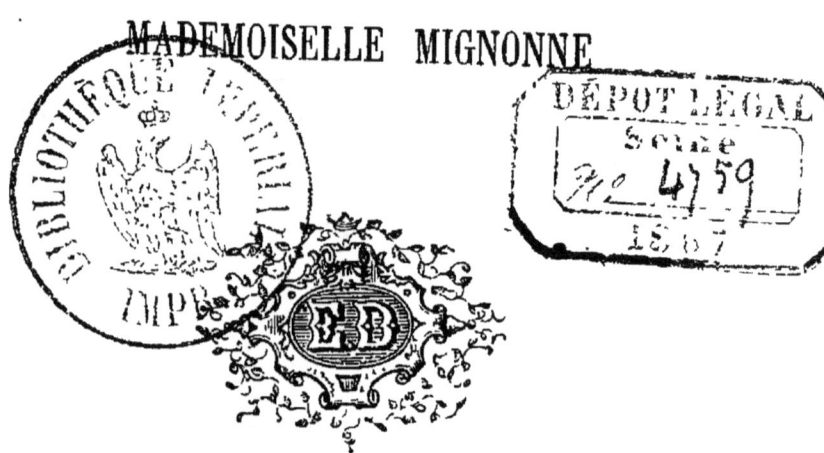

PARIS
E. DENTU, ÉDITEUR
LIBRAIRE DE LA SOCIÉTÉ DES GENS DE LETTRES
Palais-Royal, 17 et 19, galerie d'Orléans
1867
Tous droits réservés

A Monsieur E. DENTU

Mon cher ami,

Dédier son premier livre à son libraire est une naïveté.

Ecrire son nom en tête du quarantième est une joie, quand ce libraire est un homme comme vous.

Elles sont vieilles déjà, nos bonnes relations d'éditeur à auteur; et, par le temps de critiques injustes qui court, au moment où quelques esprits non moins naïfs que chagrins entreprennent une croisade contre les libraires, je suis heureux de vous donner ici ce témoignage d'estime, de confiance absolue et d'amitié.

Votre dévoué,

PONSON DU TERRAIL.

Paris, ce 22 mars 1867.

MON VILLAGE

I

MADEMOISELLE MIGNONNE

CHAPITRE Ier

Le curé Duval trottait bon train sur son grand bidet *fleur de pêcher*, autrement dit un *cheval rouan*.

Son sacristain Bigorne courait derrière lui. La nuit était sombre, le vent violent, la pluie glacée et le sol boueux.

Pour dire la vérité, le curé et son sacristain ne cheminaient point sur une bonne route impériale ou départementale, ferrée de jars, c'est-à-dire de cailloux de rivière ; ils n'étaient même pas dans un chemin vicinal.

Leur voyage s'effectuait dans une de ces allées forestières détrempées en toute saison et que les charrettes des bûcherons ont sillonnées de profondes ornières.

Le mois de novembre, en dépouillant la forêt, avait à demi comblé les flaques d'eau de nombreux amas de feuilles, et l'obscurité aidant, le bidet, qui croyait poser les pieds sur un sol ferme et résistant, enfonçait souvent bien au-dessus du boulet.

Bigorne seul était plus adroit, ou du moins plus favorisé.

Bigorne avait pris le talus du fossé et le suivait obstinément.

De cette façon il évitait la boue et ménageait son pantalon de grosse cotonnade retroussé à la hauteur de la cheville.

Donc le bidet trottait, Bigorne courait, et le curé, qui priait, interrompait quelquefois sa prière pour murmurer :

— Il me semble, en vérité, que le chemin s'allonge démesurément.

Bigorne, qui entendit une fois cette singulière réflexion, répondit :

— C'est que vous êtes pressé d'arriver, monsieur le curé. Il pleut, il vente et il fait froid, trois bonnes raisons pour faire trouver le chemin long.

— Ce n'est point cela, répondit le curé. Je suis pressé d'arriver là où on a besoin de moi.

— Vous savez bien pourtant, monsieur, répliqua Bigorne qui avait son franc parler avec son supérieur, vous savez bien que la Métivière n'est pas en danger de mort. Elle a les fièvres, voilà tout. Mais qu'est-ce qui n'a pas les fièvres dans notre pays, depuis Orléans jusqu'à Gien, au bord de cette maudite forêt où l'eau séjourne été comme hiver et s'empoisonne lentement au soleil?

— Bigorne, mon ami, dit le curé avec douceur, un prêtre doit aller voir ses paroissiens quand ils sont malades.

— Ils auraient bien mieux fait, grommela Bigorne, qui eût préféré une écuellée de soupe au coin d'un bon feu, d'envoyer chercher le médecin.

— Le médecin prend quarante sous pour ses visites.

— Et vous ne prenez rien, vous, monsieur le curé. Eh bien, là, foi de sacristain, ça n'est pas juste! Du moment qu'un curé est à moitié médecin et qu'il soigne les malades, pourquoi ne le payerait-on pas?

— Parce que le prêtre vit de l'autel et non de la médecine, répliqua le curé.

En même temps il allongea un coup de cravache au bidet, qui précipita son allure.

— Si tu trouves que je vais trop vite, ajouta-t-il en s'adressant à Bigorne, saute-moi en croupe. Ce ne sera pas la première fois que Coco aura porté deux hommes.

— Merci bien, dit le sacristain. Ça vous secoue trop les boyaux de monter à cheval; j'aime mieux courir, et ce n'est pas pour rien qu'on m'appelle Bigorne le Dératé.

L'allée forestière aboutissait à un rond-point qu'on appelle les *Huit-Routes*.

Au milieu se dressait un poteau peint en gris et couronné par une double croix de volets larges d'un pied.

En plein jour, il était facile de lire sur les volets le nom de chacune des allées rayonnant sur le rond-point.

Mais, par la nuit noire qu'il faisait, le curé Duval arrêta son cheval et hésita un moment.

— C'est la route à gauche, monsieur le curé, dit Bigorne. Tenez, justement, voilà tout au bout la maison forestière du brigadier Lebouteux.

Le curé se tourna à demi sur sa selle et vit une lueur rougeâtre qui brillait dans le lointain.

Le bidet reçut un coup d'éperon et repartit, Bigorne se reprit à courir, et, un quart d'heure après, le curé et son sacristain arrivaient à la porte de la maison du garde.

La fumée montait au-dessus du toit, les deux croisées laissaient passer la lumière flamboyante d'un bon feu.

Sans doute, le brigadier était à table, avec sa femme et ses deux marmots, en face d'une gibelotte de lapin et d'un pot de ce petit vin blanc qu'on récolte au bord de la Loire et qui sent la pierre à fusil ni plus ni moins que les grands crus du Rhin.

Bigorne soupira et marmotta entre ses dents :

— J'ai une faim de loup, en vérité !

Le curé avait l'oreille fine, il se retourna de nouveau sur sa selle et dit :

— Maître Bigorne, si vous êtes las et si vous avez faim, je continuerai mon chemin tout seul. Entrez chez le brigadier, il vous donnera à souper.

— Ah! monsieur le curé, répondit Bigorne avec une subite émotion, vous savez bien que j'irais au bout du monde avec vous. Seulement, je pensais... que, puisque la Métivière n'a que les fièvres, vous pourriez bien entrer un peu chez le brigadier, vous chauffer un brin et perdre un petit quart d'heure.

— Un quart d'heure, soit, dit le curé, mais pas une minute de plus.

— Le bon Dieu vous récompensera, monsieur, dit Bigorne, et même je crois qu'il va vous récompenser tout de suite.

— Comment cela? demanda le prêtre en souriant.

— Lebouteux doit savoir un chemin sous bois qui raccourcit de moitié pour aller chez la Métivière. Il nous l'enseignera.

Le curé sourit et se laissa glisser à terre.

En même temps Bigorne frappa à la porte.

Le brigadier vint ouvrir lui-même.

— Ah! monsieur le curé, dit-il sans manifester aucun étonnement, tant les habitudes charitables du curé étaient connues dans le pays, vous arrivez par un joli temps!

— Un temps affreux, mon cher brigadier, dit le curé, et Bigorne est si transi, que je n'ai pas cru devoir lui refuser de se chauffer quelques minutes.

Bigorne était déjà tout debout sous le manteau de la cheminée.

Quant au bidet, il était demeuré sur la route, planté sur ses quatre pieds, avec la docilité d'un cheval de médecin habitué à rester aux portes sans être attaché.

La femme et les deux enfants du garde s'étaient levés avec empressement.

— Bonjour, madame Lebouteux, dit le prêtre; bonjour, petiots; continuez votre souper, ne vous dérangez pas pour moi.

— Est-ce que vous ne souperiez pas avec nous, monsieur le curé? demanda timidement le brigadier.

— Non, mes amis, c'est jour de jeûne, je ferai collation en rentrant.

Et tout en refusant, il regarda Bigorne.

Bigorne dévorait du regard le plat qui fumait sur la table.

Le curé en eut pitié.

— Bigorne, dit-il, je vous permets, si vous avez faim, de manger un morceau.

— Tiens, parbleu ! ce pauvre Bigorne, dit le brigadier d'un ton bourru et affectueux, prends donc une chaise, camarade...

Le curé s'était emparé d'une chaise et, retroussant sa soutane qui, du reste, était ouverte par devant lorsqu'il montait à cheval, il s'était assis à califourchon devant le feu, attitude qui était bien plus celle d'un militaire que celle d'un prêtre.

Celui qui eût alors examiné attentivement le curé et le sacristain eût été frappé du contraste.

Le curé était un homme de haute taille, aux épaules carrées, à la taille bien prise, en dépit de ses cheveux blancs.

Son visage coloré était sans rides.

Peut-être avait-il soixante ans, mais son œil avait conservé toute l'énergie de la jeunesse.

Il avait le geste un peu bref, la démarche un peu cavalière.

En revanche, sa parole était douce, son sourire affectueux, presque paternel.

Bigorne, le sacristain, était un gros garçon joufflu, avec des cheveux jaunes et un nez rouge.

Etait-il bossu ou simplement contrefait, boiteux ou chambard?

A première vue, tout cela était difficile à définir. Quand il se montrait de face, il avait la poitrine gonflée; vu de dos, il avait le cou dans les épaules; quand il marchait, il se dandinait à outrance; s'il courait, il traînait invariablement une jambe.

Le curé l'avait élevé.

D'abord enfant de chœur, Bigorne était devenu sacristain avec l'âge.

Ce qui ne l'empêchait pas d'être gourmand, paresseux et le reste...

Mais le curé y tenait, comme il tenait à son bidet et à ses paroissiens, à son vieux presbytère que la commune négligeait de réparer, à sa servante Nanon, à son chien Phanor et à son modeste jardin potager, dont l'exposition était si détestable que Bigorne, malgré tous ses talents de jardinier, n'avait jamais pu y ramer des petits pois et y faire venir des asperges.

Bigorne dévora sa part du souper du brigadier.

Le curé qui avait chaussé de bonnes molletières de cuir les exposa à la flamme du feu pour les sécher, et tandis que Bigorne se réconfortait, le brigadier alla mettre le cheval sous le hangar et lui donna une poignée de luzerne.

— Lebouteux, dit le curé, Bigorne prétend que vous devez avoir aux environs un faux chemin qui tombe directement chez la Métivière.

— Oui, monsieur, dit le brigadier, et je vous mettrai dedans; il raccourcit de moitié.

— C'est donc chez la Métivière que vous allez? demanda la femme du garde.

— Oui, ma bonne. Elle est toujours malade... on m'a dit même qu'elle empirait.

— Tout vient à la fois, dit tristement le garde. Elle a bien de la misère depuis la mort de son homme, la pauvre chère femme. M. de Saint-Jullien ne la gardera pas. Le bail est à fin, et puis une femme seule...

— Oui, seule avec quatre enfants, dit Mme Lebouteux, et des dettes avec ça. Mon mari est allé au château; il a vu M. de Saint-Jullien et il a prié pour la Métivière; mais c'est un si drôle d'homme, M. de Saint-Jullien, il est près de ses intérêts... et il ne fera pas grâce d'un sou d'arriéré.

— Allons, maître Bigorne, dit brusquement le curé, en route! Allez-vous pas rester à table comme Sancho Pança, à qui vous ressemblez pour la gourmandise?

Bigorne avala un dernier verre, poussa un soupir, et jeta un coup d'œil de regret sur le bon feu de souches qui brûlait dans la cheminée.

Le brigadier prit une lanterne pour éclairer le curé. Celui-ci donna une tape amicale aux deux marmots, souhaita le bonsoir à la femme du garde et se dirigea vers le hangar.

Lebouteux tenait le bidet d'une main et la lanterne de l'autre :

— Ah! mon capitaine, dit-il, tandis que le curé se mettait lestement en selle, vous avez eu beau devenir curé, vous montez toujours à cheval comme un hussard chamboran que vous étiez jadis.

— Chut! dit le curé. Ne réveillons pas les vieux souvenirs endormis.

Et il pressa du genou le bidet fleur de pêcher, qui broyait par-dessus son mors un dernier brin de luzerne.

CHAPITRE II

Qu'était-ce que la Métivière?

Une pauvre veuve, une pauvre mère qui avait deux enfants en bas âge et, pour les nourrir, une *fermette* qu'elle tenait à bail d'un propriétaire du pays, M. de Saint-Jullien.

On l'appelait la Métivière, du nom de son mari qui se nommait Joseph Métivier.

Joseph était mort au printemps dernier, à la peine, c'était le cas de le dire.

Quand le paysan se mêle de spéculations et d'innovations, il y met plus de fureur et d'entraînement que l'industriel de profession.

Joseph Métivier avait été un paysan aisé, presque riche; il avait eu une trentaine de mille francs à lui.

Quand il se maria, on le considérait comme le plus beau parti du pays.

Malheureusement, il voulut faire de la grande agriculture avec un petit capital.

Il loua plusieurs fermes, marna, draina, construisit des machines à battre le grain, fit venir des charrues modèles et s'endetta.

Cela dura environ cinq ans.

Au bout de cinq ans il était ruiné.

Pour faire de l'agriculture expérimentale et au-dessus de la routine, il est nécessaire d'avoir des capitaux considérables qui permettent d'attendre la récolte de premiers et souvent de longs efforts.

Joseph Métivier prit alors à bail une pauvre petite ferme de trente arpents environ, *la Grenouillère*, qui tirait son nom d'une mare au bord de laquelle s'élevait le bâtiment d'exploitation.

La Grenouillère était située en deçà de la forêt, dans un pays désert et d'une tristesse mortelle.

La fièvre de marais s'y faisait sentir dès la fin de septembre jusqu'à l'époque des grandes pluies.

Pendant deux années, le pauvre agriculteur ruiné lutta contre la mauvaise fortune.

Puis, le découragement, les chagrins, les échéances auxquelles il fallait faire face, le fermage en retard et la fièvre aidant, il mourut, laissant une femme, jeune encore, et deux enfants, dont l'aîné avait six ans à peine. C'était donc la femme de Joseph Métivier, la Métivière comme on l'appelait, que le curé Duval, monté sur son bidet, allait voir en toute hâte.

Le facteur rural lui avait dit que la pauvre femme avait les fièvres et qu'elle était bien malade.

Sur ce simple renseignement, le vieux prêtre s'était mis en route, comme on sait, et par l'affreux temps qu'il faisait.

Lorsque le curé et son sacristain Bigorne, qui avaient pris le faux chemin de forêt indiqué par le brigadier Lebouteux, arrivèrent à la Grenouillère, l'aspect intérieur de la petite ferme était navrant.

La veuve Métivier, assise auprès d'un maigre feu, tremblait la fièvre.

Un des enfants dormait, la tête sur les genoux de sa mère. C'était le plus jeune.

L'aîné, qui avait conscience du mal de sa mère, pleurait, en lui tenant la main; des larmes silencieuses.

Auprès d'une table, la seule qui se trouvât dans la chambre, car la Grenouillère n'avait qu'une pièce au rez-de-chaussée, qui était à la fois cuisine et chambre à coucher, deux autres personnes mangeaient une pauvre pitance, une assiettée de soupe de haricots et un peu de fromage maigre.

L'une était une fille de quatorze ou quinze ans qu'on appelait la Tordue et qui gardait les oies.

L'autre un paysan déjà vieux, charretier, laboureur et le reste, car il était l'unique domestique mâle que la veuve eût gardé pour l'exploitation.

Quand le curé entra, un sourire passa sur les lèvres décolorées de Rose Métivier.

— Ah! dit-elle en joignant les mains, le bon Dieu n'abandonne jamais les pauvres gens!

L'enfant qui dormait s'éveilla et leva de grands yeux étonnés sur le prêtre.

L'autre courut à lui et baisa respectueusement sa main. Rose essaya de se lever.

Mais elle était si faible qu'elle retomba sur sa chaise.

Le prêtre s'effaça un moment devant le vieux praticien, c'est-à-dire devant l'homme qui depuis plus de trente ans luttait, sans science et sans diplôme, contre ce mal sournois qu'on appelle les fièvres et en triomphait presque toujours.

Il examina la malade, se fit montrer sa langue qui était blanche, tâta son pouls qui battait la diane et finit par dire :

— Vous avez passé le moment de chaleur et le frisson va venir. Il faut vous coucher, ma chère enfant. Du reste, je vous apporte un remède. C'est une potion à prendre par cuillerées, trois fois par jour. Dans quarante-huit heures la fièvre sera coupée.

Rose le regarda avec son sourire mélancolique et navré.

— Est-ce que dans deux jours je pourrai travailler ? dit-elle.

Le prêtre leva les yeux au ciel comme pour l'invoquer.

Dans cette question si simple de la malade il y avait tout un poëme.

Un poëme de misère et de désespoir.

Le prêtre grossit sa voix et lui dit d'un ton bourru :

— Vous voulez donc retomber malade?

— Ah! c'est que, dit Rose avec douceur, j'ai

encore bien de l'ouvrage, mon bon monsieur le curé.

— On verra à vous faire aider, répondit l'abbé Duval.

— Ma bonne Métivière, dit alors Bigorne, qui jusque-là s'était tenu respectueusement derrière le prêtre, M. le curé dira sa messe un peu plus matin et je viendrai vous donner, une couple de jours, un coup de main.

— Tu es un brave garçon, Bigorne, dit simplement le curé.

— Songez donc, monsieur, reprit la fiévreuse, voici la croix de décembre dans vingt jours, et nous n'avons pas un boisseau d'avoine battue. Il faut pourtant payer le maître.

— Je le verrai, dit le prêtre.

Mais Rose secoua silencieusement la tête. Elle savait bien qu'on ne touchait pas aisément M. de Saint-Jullien.

Le paysan, qui était à la fois charretier et laboureur, était sorti pour mettre le bidet à l'écurie.

La petite fille bancale et bossue qu'on appelait la Tordue rangeait les assiettes dans le vaissellier, et Bigorne continuait à se tenir à l'écart.

Le curé prit une chaise et se plaça auprès de la veuve.

Rose Métivier était une femme d'à peine vingt-six ans. Elle était encore belle, en dépit des chagrins et de la souffrance.

Elle avait dû être jadis une rieuse et insouciante jeune fille, la pauvre mère sans appui et réduite maintenant à la misère et au désespoir.

— Rose, mon enfant, dit le curé en lui prenant la main, il ne faut jamais désespérer de la bonté de Dieu, il vient toujours en aide à ceux qui souffrent.

— Je ne demande rien pour moi, répondit la pauvre mère ; mais c'est mes pauvres enfants... que deviendront-ils ? J'ai dans l'idée, voyez-vous, monsieur le curé, que je ne resterai pas longtemps avec eux.... et alors....

— Il faut chasser de semblables pensées, ma fille.

— Ah ! monsieur le curé, dit la Métivière, je ne suis pas de la commune, moi, et vous ne me connaissez pas comme les autres. Vous ne savez pas tout ce que j'ai enduré... Si vous le saviez...

— Vous n'avez pas été heureuse avec votre mari ? demanda le prêtre.

Elle leva les yeux au ciel :

— Il m'aimait pourtant bien, le pauvre cher homme, dit-elle, mais c'est mon père qui a fait le mal. Dieu lui pardonne, à mon pauvre père... mais s'il revenait en ce monde, et qu'il me vît comme ça...

Le curé pressait doucement la main de la fiévreuse.

— Voyons, mon enfant, dit-il, contez-moi vos peines... Qui sait? peut-être pourrai-je vous venir grandement en aide...

— Ah! j'y ai songé déjà, répondit Rose. Plus d'une fois, avant que la fièvre me prît, je me suis dit : « Je vais aller voir monsieur le curé, je lui dirai tout... il écrira à Jean... »

— Qu'est-ce que Jean ? demanda le curé un peu surpris.

Une légère rougeur colora le visage pâle de la malade. Mais ses regards tombèrent sur les deux enfants accroupis à ses pieds devant le feu, et elle releva la tête, comme si la voix du devoir maternel eût parlé plus haut que les pudeurs alarmées de la femme qui a souffert au fond de son cœur.

— Jean, dit-elle, c'est l'homme que j'aimais, à qui j'avais donné mon cœur devant Dieu et qui m'eût rendue heureuse.

— Ma fille! dit sévèrement le prêtre.

— Oh! monsieur le curé, reprit-elle, ne vous alarmez pas. J'ai toujours été une honnête femme. Je me suis courbée devant la volonté de mon père. Jean était un pauvre paysan de Sologne. Nous étions nés dans le même village; nous étions presque du même âge. Nous nous aimions. Peut-être mon père nous aurait mariés, car je n'étais guère plus *avancée* que lui, et les pauvres gens se marient ensemble sans difficulté.

Mais voilà qu'un jour, M. Joseph Métivier, — on l'appelait monsieur, dans ce temps-là, — vint dans le pays pour acheter des bestiaux.

Il s'*affola* de moi et me demanda en mariage.

Mon père perdit la tête.

Je priai, je suppliai. Il fallut obéir. Je devins la femme de Joseph, et vous savez le reste, murmura la veuve en pleurant.

— Mais... Jean? demanda le curé attendri.

— Jean a voulu se tuer. Mais c'était un garçon de cœur. Il s'est fait soldat. S'il n'est pas mort, il m'aime toujours, je le sens, bien qu'il ne m'ait jamais écrit. Il est bien près d'avoir fini son temps... Peut-être qu'il reviendra au pays... Alors...

— Alors, il vous épouserait, dit le curé avec émotion.

— Oh! non... dit Rose Métivier en secouant la tête. Je sens que je m'en vais... Mais c'est un bon et brave cœur, Jean, et un ouvrier laborieux... il prendrait soin de mes deux enfants...

La veuve n'eut pas le temps de continuer.

On frappa tout à coup à la porte et la porte s'ouvrit aussitôt.

Un homme, ruisselant de pluie, s'arrêta sur le seuil et dit :

— Il fait un temps de chien. Bonsoir, bonnes gens, indiquez-moi donc le chemin du bourg du Tilleul; n'est-ce pas là qu'est le médecin le plus proche? Des ânes tous ces médecins de campagne, sacrebleu! Mais quand on n'en a pas d'autres... Dans tous les cas, le meilleur de Paris n'y ferait pas grand'chose... je crois que mon maître a son compte... huit chevrotines et une balle dans le corps...

Cet homme qui avait débité tout cela d'une haleine et avant qu'on ne lui répondît, s'avança alors sans façon vers le feu.

Le curé se tourna vers lui et le regarda.

— Bon! fit le nouveau venu, un calotin!

Le curé se leva, fixa un regard plein de douceur et de dignité tout à la fois sur cet homme, et lui dit :

— Pourquoi m'appelez-vous d'un nom injurieux, mon ami ?

CHAPITRE III

L'étranger fit un pas en arrière et fixa un regard moitié étonné, moitié dédaigneux sur le curé.

Il avait peut-être insulté bien des prêtres en sa vie; mais sans doute aucun n'avait osé le regarder comme le regarda le curé Duval.

Cet homme avait bien soixante ans.

Il avait des cheveux gris taillés en brosse, des moustaches roides et courtes comme en portaient les vieux grognards du premier Empire, et une grande balafre qui lui coupait diagonalement en deux sa figure rougeaude, mais non dépourvue de brusquerie et de franchise.

Son costume était à peu près celui d'un piqueur.

Il avait un tablier de chasse formant jambière au-dessus d'une paire de bottes fortes garnies d'éperons, une peau de bique à capuchon, et une casquette ronde à double visière.

Le regard du curé fit sur cet homme, sans doute plus grossier que méchant, une impression telle qu'il balbutia en ôtant sa casquette :

— Excusez-moi, je me suis servi d'un vilain mot. Mais c'est que, voyez-vous, à la Renardière, les curés ne sont pas en bonne odeur. Le commandant dit comme ça que c'est un tas de cafards qui ne regardent jamais en face, tandis que vous...

— Moi, je regarde, n'est-ce pas? dit le curé.

— C'est la vérité pure, reprit l'homme à la peau de bique. Quel dommage que vous soyez curé!... Vous auriez fait un crâne soldat, peut-être, et on vous eût donné un bout de ça.

En parlant ainsi, cet homme ouvrit sa peau de bique et montra son uniforme vert de piqueur à la première boutonnière duquel s'épanouissait un large ruban rouge.

Le curé eut un sourire plein d'indulgence.

Puis, à son tour, il ouvrit sa soutane, et le piqueur fit un nouveau pas en arrière.

Le curé portait sur son gilet de flanelle noire et par-dessous sa soutane la croix d'officier de la Légion d'honneur.

— Tu vois bien, dit-il, que tu es mon inférieur, car tu n'es que chevalier.

Le piqueur jeta un cri...

Puis il attacha sur le prêtre, qui refermait sa soutane, un regard ardent, le regard d'un homme aux prises avec un souvenir lointain et presque effacé.

Et tout à coup il s'écria :

— Ah ! mon capitaine... mon capitaine... vous êtes le marquis Duval de Champerret.

— Je suis maintenant le curé Duval, reprit le prêtre avec brusquerie. Et toi, drôle, il me semble que je te reconnais aussi. Tu n'étais pas de mon escadron... pourtant.

— J'étais marchef au deuxième, répondit l'homme à la peau de bique.

— Et tu te nommes Saurin?

— Oui... mon capitaine...

— Veux-tu bien m'appeler monsieur le curé, butor?... Allons! je te pardonne... cesse de te confondre en excuses... et dis-moi d'où tu viens, ce que tu veux et où tu vas, dit le curé avec ce ton bref qu'il avait conservé, à de certaines heures, de son ancienne profession.

— Je viens de la Renardière.

— Bon!

— Et je vais au Tilleul chercher un médecin.

— Pour qui?

— Pour mon maître, le châtelain de la Renardière, lequel, en sautant une haie, s'est logé ce soir, à la nuit tombante, la charge de ses deux canons de fusil dans le corps.

L'homme à la peau de bique, c'est-à-dire l'ancien marchef Saurin, essuya une larme du revers de sa main.

— Il dit qu'il en a vu bien d'autres, et qu'il en reviendra. Mais, moi, je crois bien qu'il est flambé, mon pauvre commandant!

— Ton commandant? fit le curé.

— Hé! oui, mon ancien commandant... e chef d'escadron Richard.

— Richard! exclama le curé, mon ancien ami... Nous avons été capitaines ensemble!

— Justement, mon ... Excusez, monsieur le curé.

— Nous sommes de la même promotion. Ah! palsambleu! dit le bon curé, il ne mourra pas sans que je l'aie vu. Où est-ce la Renardière? Est-ce loin?... Bigorne! selle Coco... et vous, ma bonne, couchez-vous... Prenez cette potion... En revenant, je vous verrai... et tout ira mieux, espérons-le.

Le bon curé était dans un grand état d'agitation.

— Ecoutez-moi, dit Saurin, je ne sais pas comment vous dire ça... mais...

— Mais quoi?

— N'allez pas à la Renardière, monsieur le curé.

— Et pourquoi donc ça?...

— Parce que le commandant... a... comme moi des idées...

— Est-ce ma soutane qui l'effrayerait?

— J'en ai peur.

— Allons donc! s'écria le curé, il ne sera pas dit que j'aurai laissé mourir mon ami Richard sans lui serrer la main.

Mais Saurin n'était pas rassuré du tout.

— Vrai? dit-il, vous ne lui demanderez pas à se confesser? C'est que ça ferait du bel ouvrage, voyez- vous! Michel et moi ne serions pas blancs...

— Qu'est-ce que Michel?

— L'ancien brosseur du commandant. Encore un chenapan comme moi, comme le commandant, comme tous les gens de la Renardière qui ne croient ni à Dieu, ni au diable.

Si encore Mlle Mignonne était au château...

— Qu'est-ce que Mlle Mignonne ? demanda encore le curé.

— La nièce du commandant... mais elle n'est plus au château... je ne sais pas ce qui est arrivé... c'est la Martine qui a tout fait... et le petit Auguste... Mlle Mignonne est partie... pauvre chère fille!

Et Saurin essuya encore une larme, ajoutant :

— Pourvu que le commandant ait pensé a elle.

Bigorne qui s'était précipité au dehors revint en disant.

— Coco est tout prêt.

— Allons! dit le curé Duval.

— Vrai... mon capitaine... dit Saurin, vous voulez aller à la Renardière ?

— Sans doute.

— Mais Michel ne vous laissera pas entrer... à moins que... tenez, si vous ôtiez votre soutane...

— Imbécile! dit le curé, est-ce que tu ôtais ton uniforme quand tu allais au feu ?

Cette réponse si simple fit rougir le vieux soldat jusqu'aux oreilles.

— Pardonnez-moi, dit-il, je suis une brute...

mais c'est le désir que j'ai de vous voir entrer à la Renardière, et ce n'est pas commode... Tenez, monsieur le curé, j'ai un bon cheval, je vais galoper jusqu'au Tilleul, je ramènerai le médecin et nous vous prendrons ici... Je parlerai à Michel, et...

— Mon ami, dit le curé Duval, entre nous, tu vas faire au Tilleul une course bien inutile ; je ne veux pas dénigrer la science du médecin que tu vas chercher, mais j'en sais bien autant que lui, et j'ai toujours sur moi une petite trousse de campagne qui fera son office ; je pratiquerai l'extraction de la balle et des chevrotines, et nous verrons...

— Ah ! nom d'une pipe ! s'écria Saurin, si c'est comme ça, mon capitaine...

— Veux-tu bien m'appeler monsieur le curé ! gronda l'abbé Duval.

— Excusez-moi... vous avez raison... Eh bien, à cheval !... il y a cinq bonnes lieues d'ici à la Renardière.

— Bah ! fit le curé, Coco en a fait quinze ou vingt bien souvent.

Et il s'approcha de Rose Métivier et lui dit :

— Courage ! mon enfant. En revenant de la Renardière, je passerai par ici... et puis nous écrirons à Jean s'il y a lieu.

— Oh! dit la Métivière, vous êtes bien l'homme du bon Dieu, monsieur le curé.

Il lui pressa doucement la main et, en la lui pressant, il y glissa un louis.

— Ne me refusez pas, dit-il tout bas : c'est l'obole du prêtre...

La Métivière fondit en larmes et poussa ses deux enfants qui s'agenouillèrent devant le vieux prêtre et lui baisèrent la main.

— Au revoir... au revoir!... dit le curé Duval, enflant sa voix pour cacher son émotion. Bigorne! hé, Bigorne! fit-il en s'élançant au dehors.

— Monsieur le curé?

— Tu peux t'en retourner ou m'attendre ci...

— Plus souvent, répondit Bigorne. Je vas avec vous, monsieur.

— Mais il y a cinq lieues d'ici à la Renardière.

— C'est bon.

— Et cinq pour en revenir, ça fait dix.

— Vous me ferez donner une autre assiettée de soupe; pourvu que j'aie l'estomac plein, les jambes vont bien.

Et Bigorne se plaça derrière le cheval.

Saurin était déjà en selle.

Le curé enfourcha lestement le grand bidet et lui donna un coup d'éperon.

— Ah çà, dit-il alors à Saurin, comme ils trottaient botte à botte, je ne vais pas aller à la Renardière sans être un peu au courant. Tu vas me renseigner.

— Je suis à vos ordres, répondit Saurin.

Bigorne courait par derrière et tenait pied aux deux chevaux, justifiant amplement son surnom de *Bigorne le Dératé.*

CHAPITRE IV

L'ancien maréchal des logis-chef, le marchef, comme on dit, se pencha alors sur sa selle :

— Voyez-vous, monsieur le curé, dit-il, le commandant s'est bien embarrassé sa vieillesse. Tant mieux pour lui s'il réchappe de l'accident qui lui est arrivé aujourd'hui ; mais tant mieux peut-être aussi si sa dernière heure est proche.

— Explique-toi, dit le curé, qui devinait une existence grosse d'orages.

— Vous savez, reprit Saurin, le commandant avait mauvais caractère ; il ne s'accordait pas avec tout le monde, et avec ses chefs encore moins qu'avec les autres.

Après M. de Beaulieu, il nous est venu au régiment un colonel qui était un peu cassant. Le commandant a eu maille à partir avec lui, et un beau matin il a envoyé sa démission au ministre.

— Folie! murmura le curé, Richard était un officier d'avenir.

— Le commandant était riche, poursuivit Saurin. Sa vieille mère était morte lui laissant une trentaine de mille francs de rente. C'est le Pérou pour un officier.

Un matin, le commandant me dit :

— Aimes-tu la chasse, Saurin?

— Je crois bien, répondis-je, mon père était piqueur, et j'ai été braconnier dans ma jeunesse.

— Veux-tu jeter ton uniforme aux orties ? poursuivit-il, nous vivrons ensemble. Tu seras mon intendant, mon camarade, mon piqueur, tout ce que tu voudras. Je viens d'acheter une jolie terre dans le Loiret, cinq ou six cents hectares de terre et de bois, avec la forêt de l'Etat à la porte. Nous planterons nos choux, nous irons à la chasse, et nous dirons tout à notre aise du mal du colonel.

Cela m'allait, je suis parti avec le commandant Richard.

Nous sommes arrivés à la Renardière, voici bientôt dix ans.

Comme le commandant était garçon, il a pris avec lui sa sœur, Mme Paumelle, qui était veuve d'un capitaine tué à l'ennemi.

Mme Paumelle avait une petite fille de sept à huit ans.

— Voilà mon héritière, me dit le commandant. Son père — que Dieu lui pardonne ! — a mangé sa dot, c'est-à-dire celle de ma sœur ; mais je lui en ferai une et je veux qu'elle épouse un maréchal de France si elle en a la fantaisie.

Tout alla bien pendant deux ans.

Le commandant avait loué, pour lui seul, un lot tout entier de la forêt. On pouvait y chasser tant qu'on voulait, pourvu qu'on ne touchât pas à ses sangliers. Ça, c'était une autre affaire : il a rossé une fois un braconnier à coups de crosse de fusil, parce qu'il lui avait tué, à l'affût, une laie bréhaigne.

Mme Paumelle tenait la maison, la petite fille grandissait ; nous chassions du matin au soir. Tout allait pour le mieux.

De temps en temps le commandant déversait sa bile à propos du colonel qui l'avait contraint à donner sa démission, et il s'était abonné au *Moniteur de l'Armée*, qu'il lisait assidûment.

Tantôt il approuvait les promotions, tantôt il les blâmait. Il éprouva un grand chagrin en apprenant que le successeur du colonel de Beaulieu était mis à la retraite.

— Nous ne pourrons plus en dire de mal, me disait-il, il faut respecter les gens à terre.

Et en' effet il n'en parla plus.

Mais il se rejeta sur la religion.

Le curé de Seury, qui est notre commune, vint réclamer je ne sais quoi.

Le commandant se mit en colère contre le curé, et depuis lors le curé remplaça le colonel.

Le curé en particulier et les prêtres en général devinrent l'objet de la haine et de l'irascibilité du commandant.

Il chercha des querelles d'Allemand à sa pauvre sœur, Mme Paumelle, qui était dévote, et il élevait sa fille dans ses idées.

Vous pensez bien que Michel et moi qui étions déjà des sacripants, nous partageâmes les rancunes de notre maître.

Mais tout ça n'était rien, murmura Saurin en soupirant.

Et il fit une pause pour bourrer un petit brûle-gueule qu'il avait dans sa poche.

— Après? fit le curé Duval.

Saurin reprit :

Mme Paumelle avait eu beaucoup de chagrins du temps de son mari, qui, heureusement, avait réparé par une belle mort une assez vilaine vie.

Elle avait vu son patrimoine se fondre sou à sou, et bien souvent elle avait été battue comme plâtre par le capitaine, qui était un buveur d'absinthe.

Sa santé était déjà bien altérée quand elle vint à la Renardière.

Le climat fiévreux du pays devait l'achever.

La troisième année, quand vint la fin de l'été, la pauvre femme se mit au lit.

Elle traîna septembre et octobre et mourut aux premières gelées.

Nous l'enterrâmes le jour des Morts.

C'est un bon homme, le commandant, quoi qu'il fasse et ait déjà fait. Cerveau brûlé, si on veut, mais du cœur, plein la main.

Il pleura sa sœur comme il eût pleuré sa femme.

Le soir de l'enterrement, il prit la petite dans ses bras et lui mouilla la figure de ses larmes.

Pendant plus d'un an le commandant fut quasiment inconsolable.

Un jour Michel lui ayant conseillé de se marier, il lui jeta une bouteille à la tête.

C'était moi qui étais devenu la gouvernante de la maison.

Mais vous pensez bien que ça ne pouvait pas durer. Un jour le commandant me dit :

— Tout va de mal en pis ici. Il nous faut une femme pour tenir la maison.

— C'est difficile à trouver, lui dis-je.

— Bah ! me répondit-il, j'ai l'affaire, la Martine, la fille du brigadier-garde de Fontenay.

On ne se frottait guère à dire la vérité au commandant. D'abord parce qu'on était toujours mal reçu, ensuite parce que ça ne servait pas à grand'chose.

La femme dont il parlait était une fille de vingt-cinq à vingt-six ans. Elle en a bien trente-quatre aujourd'hui.

Son père, le brigadier Maurel, est garde-chasse de l'autre côté de la forêt, en tirant sur Lorris.

C'est un brave homme qui a souffert le martyre entre sa fille et sa femme, deux mégères qui eussent fait enrager le bon Dieu.

La mère est morte. Le commandant a pris la fille.

Maurel est tranquille maintenant, et l'enfer est venu chez nous.

C'est une belle fille la Martine. Elle vous a des yeux noirs qui vous transpercent, une taille épaisse, des bras blancs et nerveux, des lèvres rouges comme les cerises, et des dents blanches comme celles d'un renard.

Où elle est, il faut qu'elle commande.

Quand elle est venue à la Renardière, Michel et moi nous n'avons pas entendu de cette oreille, et nous lui avons d'abord rendu bourrade pour bourrade.

Mais le commandant s'est fâché ; un jour même il nous a dit que, si nous n'étions pas contents, nous pouvions aller chercher fortune ailleurs.

Michel, qui a moins de patience que moi, voulait s'en aller ; mais nous tenions à notre pauvre commandant : nous sommes restés.

Elle est fine comme l'air qui passe, la Martine.

Quand elle arriva à la Renardière, elle comprit bien que le moyen d'entortiller le patron en un rien de temps était de faire bonne mine à la petite.

Aussi, pendant trois ans, c'était la chère petite Mignonne par-ci, la jolie demoiselle Mignonne par-là, la perle fine, le trésor, que sais-je encore?

Le commandant s'y est laissé prendre, comme une grive à un gluau.

Puis, un beau jour, il y a eu un changement.

Depuis quelque temps nous nous apercevions que la Martine, qui n'était déjà pas mince, prenait de l'épaisseur encore plus.

Ça nous fit jaser, Michel et moi.

Le commandant se mit en colère.

Nous n'avons plus rien dit.

Il y avait à la Renardière une fille de cuisine bête, méchante, tout de travers, et dont un œil s'en allait à Orléans et l'autre du côté de Nevers.

Un soir, pendant que le commandant dînait, elle s'avisa d'appeler la Martine « madame. »

Le commandant ne se fâcha pas. Il se mit même à rire.

Deux ans après, il y avait un marmot qui courait de ci et de là, pleurait, geignait, faisait du tapage et qu'on appelait le petit Auguste.

Pendant ce temps, notre chère demoiselle Mignonne grandissait.

Elle a eu dix-sept ans le mois dernier. Mais

il y a déjà quinze mois qu'elle a quitté la maison.

— Et comment cela est-il arrivé? demanda le curé Duval, vivement intéressé par le récit de Saurin.

— Vous pensez bien, monsieur le curé, reprit l'ancien maréchal, que les enfants qui ont eu des malheurs dans leur jeune âge comprennent de bonne heure le bien et le mal.

M{^{lle}} Mignonne, quand elle eut douze ou treize ans, sentit bien que son oncle se refroidissait pour elle.

Toute la journée, le petit Auguste était sur ses genoux et lui tirait la moustache en l'appelant mon parrain.

Et puis, la Martine était dame et maîtresse, et tout le monde lui obéissait.

M{^{lle}} Mignonne restait dans sa chambre tout le jour, on ne la voyait qu'aux heures des repas.

La Martine ne se mettait pas encore à table.

Il n'y avait que le petit Auguste.

Mais, en restant dans sa chambre, M{^{lle}} Mignonne ne passait pas son temps à rien faire. Elle travaillait... travaillait... si bien qu'un jour elle dit au commandant :

—Mon oncle, est-ce que vous ne me mettrez pas en pension ?

Cette question fit un certain effet au commandant ; jamais il ne s'était séparé de sa nièce, il ne s'était peut-être jamais rendu compte des brusqueries et des duretés qu'il avait eues souvent pour elle.

Mais il n'eut pas le temps de répondre.

La Martine s'en chargea.

— Certainement, dit-elle, que vous devriez mettre votre nièce en pension. Une belle demoiselle comme elle ne saurait vivre comme ça à la campagne.

Quand la Martine parle, c'est comme si le notaire y avait passé.

On a mis Mlle Mignonne en pension à Orléans.

Mais il paraît qu'on n'avait pas grand'chose à lui apprendre, car, au bout de six mois, elle a écrit qu'elle était sous-maîtresse, et qu'au lieu de coûter de l'argent elle gagnait déjà pour son entretien.

Le commandant a commencé par dire qu'il ne voulait pas de ça.

Alors la Martine l'a regardé, et le commanant n'a plus rien dit.

Aux vacances, Mlle Mignonne est venue.

4.

Depuis son départ, la Martine mangeait à table.

Quand Mlle Mignonne est arrivée, nous ne savons pas ce qui s'est passé ; mais, pendant deux jours, la Martine est restée dans sa chambre en disant qu'elle était malade, et le commandant a dîné seul avec mademoiselle.

Le troisième jour, la Martine s'est levée.

Elle est arrivée comme une furie à l'heure du déjeuner, et s'est mise à table.

Le commandant est entré en fureur et il a levé sa canne.

La Martine a fait un baluchon de trois ou quatre paires de bas, d'une robe et de quelques mouchoirs.

Puis, prenant son fils par la main, elle s'en est allée chez son père, en forêt.

Le commandant l'a laissée partir.

Mais le soir, il n'a pas dîné ; le lendemain, il était tout pâle et n'a pas voulu aller à la chasse.

Le soir, il a fait pleurer Mlle Mignonne, en lui disant que son père, le capitaine Paumelle, avait tout mangé.

Le lendemain, il était plus pâle encore et il avait des larmes pleins les yeux.

Il n'a pas parlé de la Martine, mais il a dit

plusieurs fois que le petit Auguste lui manquait.

Alors, Mlle Mignonne a compris qu'elle était de trop dans cette maison où elle avait passé son enfance.

Le lendemain, avant que le commandant ne fût levé, elle est allée à Seury entendre la messe et prier sur la tombe de sa mère.

Puis elle s'en est revenue et a dit à son oncle :

— Je ne veux pas être une cause de trouble dans votre intérieur, mon oncle. Je retourne à mon pensionnat.

Le commandant a d'abord répondu qu'il ne voulait pas; mais Mlle Mignonne a insisté.

Pour l'achever, on lui a envoyé le petit Auguste par un garde.

Alors le commandant s'est mis à pleurer, et Mlle Mignonne est partie.

Nous ne l'avons plus revue.

Le lendemain, la Martine est revenue.

— Mais enfin, dit le curé, elle écrit quelquefois, la demoiselle?

— Tous les mois, répondit Saurin; mais la moitié du temps, c'est la Martine qui décachète les lettres.

Et puis...

Saurin hésita.

— Et puis? fit le curé.

— J'ai dans mon idée que le commandant a fait son testament, et que la Martine et le petit Auguste ont tout.

Comme Saurin achevait, le curé et lui arrivaient au bord de la forêt, et la plaine, au milieu de laquelle s'élevait la Renardière, leur apparaissait tout à coup.

La pluie avait cessé sous l'effort du vent, les nuages s'étaient dissipés et la lune brillait maintenant au ciel.

— Un dernier coup d'éperon, monsieur le curé, dit alors Saurin, et nous y sommes.

— Pourvu que j'arrive à temps, pensa le bon curé.

CHAPITRE V

La Renardière était une de ces habitations un peu lourdes, un peu massives, avec une tour carrée sur le devant, qu'en province, et surtout dans l'Orléanais, on décore volontiers du nom de château.

Entourée de bois, avec quelques centaines d'arpents de terre dans les environs, elle commandait à trois fermes, dont l'une lui était tout à fait attenante.

Devant la façade, s'étendait une prairie plantée d'arbres fruitiers.

La route départementale passait à quatre cents mètres plus loin et était reliée au château — puisque château il y avait — par une assez belle allée d'ormes d'un grand âge. Du reste, en dehors de la Renardière et de la ferme, aucune habitation, aucun voisinage.

C'était bien la maison d'un chasseur perdue dans les bois.

Comme jadis la Renardière était une dépendance du fameux couvent de la Cour-Dieu, le bâtiment était encore entouré de fossés assez profonds dans lesquels croupissait une eau saumâtre.

On avait jeté un pont dessus, en face de la porte d'entrée.

La nuit, le pont était fermé par une claire-voie, assujettie par un cadenas.

Il était bien près de onze heures du soir, lorsque Bigorne, courant en avant, et Saurin et le curé Duval, trottant sur ses talons, arrivèrent à ce pont et à cette claire-voie.

Saurin mit pied à terre et dit tout bas :

— Ne faisons pas de bruit. Si nous pouvions avoir la chance d'entrer sans que la Martine nous entendît, tout irait bien ; mais... autrement...

Les lumières qui brillaient à toutes les croisées, le va-et-vient d'ombres chinoises projeté au dehors sur le feuillage de vieux ormes, un bruit confus de voix et de pas attestaient que la Renardière, à cette heure avancée, n'était pas dans son état ordinaire.

Le cadenas avait sans doute un secret, car Saurin l'ouvrit sans avoir besoin de clef.

Le curé Duval avait également mis pied à terre.

Bigorne prit les deux chevaux par la bride.

— Reste là, lui dit Saurin; tout à l'heure Michel viendra t'aider à les mettre à l'écurie.

Puis Saurin se tourna vers le prêtre.

— J'ai mon plan, monsieur le curé, dit-il. Le corridor dans lequel nous allons entrer est fameux pour les coups de vent. Si la porte du fond est ouverte et qu'on n'abrite pas bien la chandelle, quand celle que vous voyez là s'ouvre, la chandelle s'éteint.

— Où veux-tu en venir? demanda le curé un peu surpris.

— A ceci : Michel est un braillard. S'il voit votre soutane, il ne me laissera pas le temps de m'expliquer; il se mettra à crier, à jurer, la Martine arrivera, et nous aurons bien du mal à pénétrer jusqu'à la chambre du commandant.

— Il faudra pourtant que j'y arrive, dit le curé d'un ton résolu.

— Aussi, tenez-vous derrière moi... vous allez voir....

Et il frappa à la porte.

Ce que Saurin avait prévu arriva. Ce fut Michel qui vint ouvrir en toute hâte.

Saurin avait déboutonné sa peau de bique de façon à masquer la porte tout entière et, par conséquent, le curé qui était derrière lui.

A peine la porte fut-elle ouverte, que Saurin se précipita au dedans, en disant :

— Voilà un chirurgien !

Et il se heurta si brusquement à Michel, que celui-ci laissa échapper le chandelier de laiton qu'il avait à la main.

La chandelle, en tombant, s'éteignit.

— Maladroit! dit Michel.

— Ça ne fait rien, répondit Saurin, je sais le chemin. Vous, monsieur, donnez-moi la main.

Et il entraîna le curé en bousculant une seconde fois Michel qui s'était baissé pour ramasser sa chandelle et son chandelier.

Au bout du corridor, à gauche, était une porte sous laquelle filtrait un rayon de lumière.

C'était la cuisine.

Mais, avant d'arriver à cette porte, on trouvait l'escalier sur la droite.

— Venez vite, dit Saurin, pensant bien qu'au bruit, la Martine, si elle n'était dans la chambre du blessé, sortirait de la cuisine pour voir le médecin.

La chose arriva comme il l'avait prévu.

La Martine avait passé trois mortelles heures auprès du commandant, qui poussait des cris de douleur, si dur qu'il fût, et blasphémait en se tordant sur son lit.

Puis, comme il se plaignait d'une soif ardente, elle était descendue pour lui faire chauffer un peu de tilleul.

Le petit Auguste, qui avait maintenant six ou sept ans, était demeuré auprès du blessé.

La Martine s'élança donc vers la porte de la cuisine, mais elle se heurta à Michel qui venait rallumer son flambeau, et cela lui fit perdre assez de temps pour que Saurin et le curé eussent le loisir de disparaître dans la spirale de l'escalier.

La Martine, il faut le dire à sa louange, du reste, était tout en pleurs, et elle s'écria :

— Est-ce le médecin ?

— Oui, dit Michel. Cette brute de Saurin

m'a poussé si fort que ma chandelle s'en est éteinte.

— Prends celle-là, dit la Martine qui s'apprêtait à monter avec la tasse de tilleul sur une assiette.

Michel s'empara de la chandelle et se dirigea vers l'escalier en toute hâte.

La Martine le suivit.

Mais déjà la porte de la chambre du commandant s'était ouverte et refermée.

En même temps, Michel et la Martine entendirent une recrudescence de cris et de blasphèmes que le commandant vociférait.

— Je ne veux pas de calotins! disait-il. Si je dois mourir, qu'on me laisse mourir en paix.

On était tellement habitué à la Renardière à entendre le commandant crier contre les prêtres à tout propos, et Saurin était lui-même un ennemi si déclaré de la soutane, que ni la Martine, ni Michel, qui montaient l'escalier quatre à quatre, ne supposèrent une seconde la vérité.

Comment s'imaginer que Saurin avait ramené un prêtre au lieu d'un chirurgien?

— Il a le délire, murmura Michel.

— Mon Dieu! mon Dieu! feignit la Martine, va-t-il donc nous arriver un malheur?

Mais leur étonnement fut au comble, lorsque, arrivés à la porte de la chambre, ils trouvèrent Saurin qui s'était placé résolûment en travers :

— On n'entre pas! dit-il.

Saurin était un homme d'énergie. Il n'avait pas souvent tenu tête à la Martine, mais cette fois il était résolu à ne pas la laisser entrer.

Le commandant vociférait toujours au dedans, et ses blasphèmes retentissaient à travers la porte.

— Et pourquoi n'entre-t-on pas? dit la Martine d'un ton menaçant, en dépit de ses larmes.

— Parce que le chirurgien veut être seul un moment avec *monsieur*.

— Est-ce que nous le gênerions, nous? fit Michel, non moins étonné que la Martine.

— Oui.

— Pourquoi donc?

— Je ne sais pas.

Tout à coup le commandant avait cessé de crier et de blasphémer.

— Descendez à la cuisine, *madame*, dit Saurin, qui était chiche d'ordinaire d'une pareille désinence et ne s'en servait que lorsqu'il voulait obtenir une concession de la mégère. Je vous appellerai aussitôt qu'on entrera.

Ce mot de *madame* apaisa la Martine.

— Toi, dit Saurin à Michel, va donc mettre les chevaux à l'écurie, ils en ont bon besoin.

Michel descendit et la Martine le suivit sans trop maugréer.

— Ouf! pensa Saurin... c'est égal, ça n'a pas été sans peine.

Et il appliqua son œil au trou de la serrure pour voir ce qui se passait à l'intérieur de la chambre.

....

Pourquoi le commandant s'était-il tu subitement?

C'est ce que nous allons expliquer en peu de mots.

Saurin, qui savait qu'en ce moment les minutes valaient des siècles, ne s'était pas amusé à perdre son temps.

Il avait ouvert brusquement la porte et poussé le curé Duval à l'intérieur.

Puis, comme s'il eût craint que toute la colère du commandant ne retombât sur lui, il s'était empressé de ressortir et de tirer la porte.

Le petit Auguste, dont le commandant tenait la main, et qui n'avait peut-être jamais vu de prêtre de sa vie, avait été si étonné de voir entrer cet homme en robe noire, qu'il s'était réfugié tout tremblant à l'autre coin de la salle.

Quant au commandant, non moins stupéfait, non moins atterré, il avait bondi sur son séant.

Un prêtre était devant lui !

Un prêtre, quand c'était d'un chirurgien qu'il avait besoin.

— Un prêtre, mille tonnerres !

Il avait jeté un grand cri, ne voyant, ne reconnaissant que la soutane.

D'ailleurs, il y avait bien trente ans que les deux frères d'armes ne s'étaient vus.

Comment le commandant Richaud aurait-il reconnu dans le prêtre de campagne le brillant capitaine Duval de Champerret?

— Mille millions de tonnerres! trahison! tas de canailles! Pourquoi avez-vous laissé entrer le calotin? hurlait le blessé. Je n'en veux pas! Je suis un philosophe, moi, un libre penseur! Je suis matérialiste!... Je ne crois pas à Dieu, sacrebleu!...

Prenez-vous le commandant Richaud pour une nonne? Saurin, Michel!... à moi!... Jetez ce calotin à la porte!... Je n'en veux pas! Je n'en veux pas!

Cette averse d'injures trouva le curé impassible.

Il se contenta de regarder le commandant avec douceur et lui dit :

— Je vous demande pardon, monsieur, je ne viens pas pour vous confesser.

— Que venez-vous donc faire? hurla le blessé.

— Je suis un peu chirurgien, monsieur, reprit le curé, j'ai rencontré votre domestique qui allait chercher un médecin, et comme il m'a dit que votre état était fort grave...

— Est-ce que les curés sont médecins? vociféra le commandant. C'est une *couleur*, comme on dit, histoire de me parler de la vie éternelle et d'un tas de billevesées... Laissez-moi donc mourir tranquille, monsieur... et allez-vous-en!

— Quand je vous aurai pansé, répondit le curé d'un ton ferme.

Et il déboutonna sa soutane et tira de sa poche une petite trousse qu'il ouvrit et posa sur une table.

— Je ne veux pas! je ne veux pas! répétait le commandant qui, cependant, s'apaisait par degrés.

Mais le curé n'en tint pas compte.

Il prépara sa trousse, s'empara de l'unique flambeau posé sur la cheminée et se mit à vérifier ses instruments de chirurgie avec le plus grand calme.

Tout à coup le commandant se tut.

La lumière du flambeau était projetée tout entière sur le visage du prêtre.

Et le commandant voyant que cet homme ne paraissait tenir aucun compte de ce qu'il lui disait et faisait ses préparatifs avec le calme d'un véritable chirurgien qui va couper une jambe et ne s'occupe nullement du patient qui commence à crier de peur, le commandant, disons-nous, le regardait avec une sorte d'effarement et murmurait à part lui :

— Où donc ai-je déjà vu cette tête-là ?

Et il se mit à chercher dans ses souvenirs.

Le curé Duval avait refusé d'ôter sa soutane pour entrer à la Renardière.

Ce subterfuge lui paraissait indigne de son caractère et de son état.

Mais il n'avait nullement l'intention de se tacher de sang, en pratiquant le pansement, et alors il s'en dépouilla lestement.

La soutane jetée dans un coin, il retroussa ses manches.

Puis il fit un pas vers le lit, une cuvette d'une main, sa trousse de l'autre.

Soudain le commandant jeta un cri.

Il avait aperçu la croix d'honneur sur le gilet de flanelle du curé, et le voile qui obscurcissait son souvenir se déchira tout à coup :

— Duval! s'écria-t-il.

— Eh bien! oui, c'est moi, dit le curé avec brusquerie. Et maintenant que tu m'as reconnu, vas-tu te tenir tranquille et me laisser faire ma besogne de chirurgien?

*

CHAPITRE VI

— Toi! toi! répéta le commandant Richaud, toi, curé!

— En ce moment, je ne suis pas curé, je suis chirurgien, répondit l'abbé Duval.

Et, d'un revers de main, il fit sauter les couvertures du lit et mit à découvert le corps ensanglanté du commandant.

Celui-ci ne put réprimer un cri.

— Serais-tu devenu douillet? demanda le curé Duval.

Cette question fit monter le rouge au visage pâle du blessé.

— Je voudrais bien t'y voir, toi, dit-il d'un ton de mauvaise humeur. J'ai mes deux coups de fusil dans le côté droit.

Du côté gauche, je serais déjà mort.

— Comment cela est-il arrivé ? demanda le curé qui voulait distraire le blessé de sa souffrance.

— En sautant une haie. Mon fusil s'est embarrassé dans les broussailles. J'ai tiré à moi, une branche a fait partir les deux détentes.

Le curé avait arraché le premier pansement que Saurin et Michel avaient placé tant bien que mal sur la plaie.

Les deux coups avaient fait balle et il était difficile de comprendre que le commandant n'eût pas été tué roide.

Il y avait une plaie unique, béante, épouvantable.

L'homme de Dieu redevint soldat, et le soldat eut le courage stoïque du chirurgien.

— Tu peux crier, dit-il à son ami.

Et il se mit à fouiller la plaie pour extraire les chevrotines et la balle.

Les premières avaient rencontré les côtes et s'y étaient arrêtées.

Le curé les sentit sous ses doigts et les retira une à une, tandis que, vaincu par la douleur, le commandant criait à tue-tête.

Mais la balle avait pénétré dans le bas-ventre et s'était logée dans les entrailles.

Tout en criant, le commandant n'avait point perdu sa présence d'esprit ; il suivait du regard la physionomie du curé, qui passait peu à peu par toutes les phases de l'espoir et de la désespérance.

D'abord, et à mesure qu'il avait retiré les chevrotines, le visage du prêtre s'était éclairé.

Mais il ne tarda pas à s'assombrir.

L'extraction de la balle était presque impossible, et, dans tous les cas, d'un danger extrême.

Le commandant fit un effort suprême, dompta sa douleur, et, posant la main sur l'épaule du curé :

— Marquis, dit-il, pas de bêtises ni de bégueuleries ! tu m'as vu au feu... et tu sais si j'ai peur de la mort... Dis-moi la vérité... et pas de tergiversations, surtout... A ton idée, suis-je flambé ?

— Oui ! dit laconiquement le prêtre.

— En ai-je encore pour longtemps ?

Pour une heure ou deux.

— Eh bien, dit le commandant, au lieu de me charcuter comme tu le fais et de me faire souffrir, panse-moi à la diable, assieds-toi là... et causons !...

Le curé fit ce que lui demandait le blessé.

Tandis qu'il était occupé à laver la plaie et à poser de la charpie dessus, la voix de Saurin se fit entendre de nouveau à travers la porte.

— Je vous dis, *madame*, qu'on n'entre pas, disait-il.

— Et si je veux entrer, moi, disait la Martine avec fureur.

— Vous n'entrerez pas !

L'enfant, que les cris du commandant avaient glacé d'effroi, et qui se tenait immobile dans un coin de la chambre, le petit Auguste, se mit alors à pleurer en disant :

— Maman ! maman !

Et il courut vers la porte, qu'il ouvrit.

La Martine voulut s'élancer à l'intérieur de la chambre, mais le poignet de fer de Saurin la maintint en dehors. Seulement la Martine avait eu le temps d'apercevoir la soutane et le tricorne du curé jetés sur une chaise, tandis que le gamin passait entre les jambes de Saurin et se jetait au cou de sa mère.

— Seigneur Dieu ! s'écria la Martine, ce n'est pas un médecin, c'est un prêtre !...

— Va-t'en au diable ! hurla le commandant avec une colère subite.

— Vous voyez bien qu'on n'entre pas, dit Saurin.

Et il referma la porte.

La Martine prit son fils dans ses bras et se sauva en criant :

— Un prêtre dans la maison... ça porte malheur !... nous sommes perdus !...

Le curé Duval avait entrevu la Martine l'espace d'une seconde ; mais il ne souffla mot.

Le commandant lui prit la main et lui dit tout bas, d'une voix redevenue tremblante :

— As-tu vu cette femme ?

— Oui.

— C'est mon mauvais génie...

— Je le sais, répondit simplement le curé.

— C'est elle qui a chassé ma nièce de la maison... Oh ! si tu savais...

— Parle, dit le prêtre. Ne suis-je pas ton vieil ami ?

— C'est juste. Eh bien ! ma nièce est partie...

— Après ?

— Et je l'ai déshéritée...

— Malheureux !

— J'ai fait un testament que la Martine m'a arraché, poursuivit le commandant, baissant de plus en plus la voix...

— Et... ce testament ? demanda le prêtre.

— Institue le *petit* mon légataire universel...

Il s'arrêta un moment, tout tremblant, le

vieux brave, et ce fut avec un accent de terreur qu'il ajouta :

— Tu ne le laisseras pas entrer, au moins. Sais-tu qu'elle a voulu me tuer à coups de couteau, un jour ?

Le curé alla vers la porte et poussa le verrou.

Puis, revenant vers le lit :

— Continue, dit-il.

Le commandant prit sa tête à deux mains et poursuivit avec un gémissement :

— J'ai pourtant juré à ma pauvre sœur mourante que je prendrais soin de sa nièce !

— Et tu l'as déshéritée, malheureux !

Le commandant courba la tête.

— Et ce testament... où est-il? demanda encore le prêtre.

— C'est la Martine qui l'a... elle ne le rendra pas!

— Mais ne peux-tu donc en faire un autre?

— Oh! c'est cela, dit-il, je veux faire un testament d'honnête homme... et partager entre ma nièce et le petit.

Et le commandant indiquait une table sur laquelle il y avait des plumes, de l'encre et du papier.

Le curé Duval alla prendre la table et l'approcha du lit.

— Aide-moi à me soulever, dit le blessé dont les forces allaient s'affaiblissant.

Le curé entassa derrière lui les deux oreillers du lit, et le mourant prit la plume.

Son énergie, longtemps assoupie, se réveillait.

En dépit des souffrances qu'il endurait, le commandant Richaud écrivit d'une main ferme et d'une écriture fort lisible :

« Ceci est mon testament.

« Aujourd'hui, 30 novembre, sentant la mort approcher, mais jouissant encore de la plénitude de mes facultés, j'ai institué par égale part mes légataires universels, Désirée-Mignonne Paumelle, ma nièce germaine, et Jean-Baptiste Auguste; désirant formellement que le présent testament annule et frappe de caducité celui que j'ai écrit l'année dernière et qui porte la date du 14 septembre 186...

« La Renardière, 20 novembre 186...

« Pierre-Aimé RICHAUD,
« Officier démissionnaire, chevalier de la Légion d'honneur. »

— Voilà, dit-il en tendant au curé la feuille encore humide.

Le curé lut le testament d'un bout à l'autre et dit :

— C'est bien ; il est inattaquable. Seulement, que vas-tu en faire ? à qui le confieras-tu ?

Le commandant appela :

— Saurin ? Hé ! Saurin ?

Le curé tira le verrou et Saurin entra.

Le commandant avait enfermé le testament dans une enveloppe.

—Cachette-moi ça, dit-il au vieux soldat en retirant une bague de son doigt.

— Ça ? dit Saurin.

Et il regardait l'enveloppe.

— C'est mon testament, dit le mourant. Tu vas monter à cheval et tu le porteras à Lorris, chez maître Fougeron, mon notaire, entends-tu ? Je sais que j'aurai la force de vivre jusqu'à ton retour....

— Laissez-vous au moins quelque chose à votre nièce ? demanda Saurin d'un ton bourru.

— La moitié, répondit le commandant.

— C'est bien, dit Saurin. Vous pouvez mourir tranquille, vous êtes un honnête homme.

Il mit le testament dans sa poche et sortit.

Alors le commandant tendit la main au curé :

— Adieu, mon vieux camarade, lui dit-il, maintenant tu peux t'en aller... je veux mourir en paix.

— Non, dit le prêtre, je veux te fermer les yeux.

— C'est-à-dire, ricana le mourant, que tu voudrais me confesser... Ah! ah! ah!...

Et cet homme, qui venait de réparer une faute et de faire sa paix avec les hommes, eut un accès d'impiété; se retournant brusquement:

— Imbécile! dit-il, quelle lubie t'a donc passé par la cervelle de te faire prêtre?

Le curé ne sourcilla point.

— C'était, ma foi, bien la peine, continua le mourant, qui semblait avoir retrouvé toutes ses forces vitales pour épancher sa raillerie acerbe, d'être marquis de race, capitaine à vingt-quatre ans, en passe d'être général un jour, et peut-être maréchal de France, pour troquer un beau matin son colback de hussard contre une calotte de curé...

Mais à ces mots, l'abbé Duval se redressa.

— Ah çà! mon pauvre ami, lui dit-il, regarde-moi bien en face, et comme je t'ai écouté... écoute-moi.

— Tu ne me confesseras pas, au moins? ricana le commandant.

— Ecoute-moi. Puisque tu m'accuses, il est juste que j'aie le droit de me défendre.

— Ta défense est difficile, ami.

— C'est possible, mais tu l'écouteras...

Et il y avait dans la voix du prêtre un tel accent de volonté que le commandant se sentit dominé.

— Te souviens-tu de la guerre d'Espagne? poursuivit le prêtre.

— Oui, murmura le commandant.

— Nous avons saccagé Pampelune ensemble.

— Parbleu!

— A Saragosse, nous avons mis nos chevaux à l'écurie dans une église, continua l'abbé Duval.

— C'était le bon temps, dit le commandant.

— Le pillage ne va jamais seul, reprit le prêtre. Te souviens-tu encore de nos belles prouesses, hein? de ces femmes en pleurs que nous effleurions de nos lèvres éhontées, au seuil de leurs maisons fumantes?

— C'est la guerre, ça, après tout, murmura le mourant, qui cessa tout à coup de ricaner.

— Et ce village auquel nous avons mis le feu? et ces enfants et ces vieillards que nous avons fusillés? dit encore le prêtre.

— Mais enfin, interrompit le commandant Richaud, où veux-tu en venir?

— A ceci : que lorsqu'un homme a, comme moi, fait tout cela ; que cet homme a de la fortune, de l'ambition, de la jeunesse, qu'il rêve le bâton de maréchal de France et que, un beau matin, renonçant à tout, foulant tout aux pieds, fortune, ambition, rêves d'avenir, et peut-être aussi quelque noble et chaste amour, il jette son uniforme brodé d'or aux orties, cache cette croix gagnée sur les champs de bataille et qu'il étalait naguère avec orgueil sur sa poitrine, va s'enfermer dans un obscur séminaire, et en sort revêtu de cet autre uniforme que tu raillais tout à l'heure; dis, crois-tu que cet homme soit un hypocrite et un lâche, un sot et un menteur, qu'il joue quelque comédie infâme, quelque rôle de fou vaniteux, dis, le crois-tu?

Et le prêtre avait redressé sa grande taille, rejeté en arrière sa belle tête couverte de cheveux blancs et il attachait sur le commandant ému, étonné, un regard à la fois fier et doux.

Le mourant se souleva, se remit avec peine sur son séant, regarda son vieux frère d'armes et lui dit :

— Tu crois donc que Dieu existe, toi?

— S'il n'existait pas, répondit le prêtre, serais-je arrivé ici au moment où tu allais mourir en déshéritant l'enfant de ta sœur?

— Il y a donc une autre vie? reprit le commandant.

Le prêtre étendit la main vers la croisée dont les persiennes étaient ouvertes.

On voyait au travers le ciel étoilé...

— Regarde! dit-il.

CHAPITRE VII

La Martine avait un frère.

Ce frère était un vagabond de la pire espèce, qu'on appelait le Mulot.

Devait-il ce sobriquet à sa chevelure d'un jaune tirant sur le roux, couleur qui, on le sait, est celle du rat qui porte ce nom?

Ou bien, et c'était plus vraisemblable, le surnom était-il appliqué au moral bien plus qu'au physique?

Le Mulot était un affreux garnement qui, dès l'âge le plus tendre, avait marché sur les traces de sa sœur pour le mauvais caractère.

Fils de garde forestier, il devait naturellement devenir braconnier.

A dix ans, il excellait dans l'art de tendre des collets, des piéges à bécasses et des filets pour prendre les grives.

A douze ans, il tirait passablement un coup de fusil et faisait des hécatombes de lapins.

A quinze, il tuait un lièvre à l'affût et un chevreuil à la traversée.

Son père, désolé, s'en alla un matin trouver l'inspecteur des forêts et lui avoua les méfaits de son fils.

L'inspecteur lui conseilla de faire partir l'enfant du pays et de l'envoyer, soit en Beauce, soit en Sologne.

Le Mulot répondit à son père :

— Je me fiche de l'inspecteur et de vous. Avec ça que vous me nourrissez bien... et que je couche dans un bon lit. J'ai assez de talent pour gagner ma vie, bonsoir !

Le Mulot s'en alla chez sa sœur.

La Martine était déjà souveraine à la Renardière. Le commandant ne souffla mot tout d'abord.

Pendant quinze jours même, le Mulot se conduisit assez bien ; mais son amour du braconnage le reprit, et il se mit à filouter les lapins du parc.

Le commandant s'en revenant de la chasse,

un soir, plus tard que de coutume, entendit un coup de fusil dans une cépée voisine.

Il descendit de cheval, jeta la bride à Saurin et s'avança à pas de loup.

Le Mulot avait tué roide un broquart qui se dirigeait pour *faire sa nuit* dans un trèfle incarnat du voisinage, et il s'apprêtait à l'emporter, lorsque la main de fer de l'ancien hussard le prit au collet.

Le commandant n'entendait pas raillerie à propos de son gibier.

Cet homme qui, en haine des prêtres, parlait à chaque instant du jour des principes de 89, avait des opinions plus que féodales en matière de chasse.

Il n'admettait pas le braconnage, il eût volontiers fait pendre les braconniers.

Il commença donc par rosser le Mulot d'importance; puis il déclara à la Martine qu'il ne voulait à aucun prix que le drôle remît les pieds à la Renardière.

La Martine fut obligée de courber la tête.

Le Mulot partit, mais en s'en allant il dit à Saurin :

— Est-il bête le commandant! je ne lui laisserai ni un chevreuil, ni un lapin.

La Martine aimait son frère cependant.

Nature vicieuse, elle avait un penchant prononcé pour ce jeune homme qu'elle avait vu naître et dont les mauvais instincts s'étaient développés sous ses yeux.

Mais elle tenait à vivre en paix avec le commandant et, en apparence, elle avait sacrifié le Mulot.

Mais le Mulot revenait souvent le soir, quand le commandant était couché, et il s'introduisait à la Renardière par une petite porte de derrière qui donnait sur le jardin et que sa sœur allait lui ouvrir.

De quoi vivait-il? Car il ne demeurait plus chez son père depuis longtemps et nul n'aurait pu lui assigner un domicile réel.

Sa sœur lui donnait quelque argent.

Et puis, il continuait à braconner.

Le Mulot, par sa situation de fils de garde-chef, était une précieuse recrue pour une bande de braconniers qui avait ses principaux chefs à Châteauneuf-sur-Loire, Loury, Boiscommun et Lorris.

De temps en temps il leur donnait des renseignements.

Plus d'une fois, il s'était introduit chez le brigadier, en l'absence de celui-ci, avait fouillé ses papiers, pris connaissance de ses lettres et découvert que tel jour et à telle heure les gardes de la forêt, de concert avec les gendarmes, devaient faire une perquisition dans telle ou telle ferme dont le maître passait pour recéleur de gibier et d'engins de braconnage.

Le coup naturellement avait manqué.

Le Mulot était, à cette époque, un garçon de vingt-quatre à vingt-six ans, maigre, agile, d'une vitesse extraordinaire à la course et que jamais ni gardes ni gendarmes n'avaient pu prendre.

Sa rapidité était telle que souvent, dans la même nuit, il avait parcouru des distances fabuleuses.

Tantôt ici, tantôt là, couchant en prés une nuit, dans une grange ou dans une ferme la nuit suivante, il défiait toute surveillance, et s'en allait quelquefois boire un verre de vin dans le cabaret où les gendarmes qui l'avaient inutilement cherché se reposaient un moment.

Alors il les narguait, et comme en matière de braconnage le flagrant délit seul entraîne l'arrestation du coupable, il s'en allait tranquillement.

Le Mulot avait une compagne de déprédations et de brigandage.

C'était une grande fille d'une agilité encore

plus extraordinaire que celle du Mulot, qui ne se contentait pas de tendre des collets, mais qui volait du bois, de l'herbe, et avait rendu fourbus tous les gardes qui s'étaient mis à sa poursuite.

Ceux-ci l'avaient nommée la *Chevrette*.

Le paysan des bords de la Loire donne volontiers des noms d'animaux aux hommes et aux femmes, noms appropriés, du reste, avec certaines de leurs aptitudes.

La Chevrette était une fille de l'hôpital. Elle avait été élevée à la charité; mais dès l'âge de douze ans, le vol aidant, elle s'était suffi à elle-même.

Comme le Mulot, elle n'avait ni feu ni lieu, couchait en forêt comme une vraie chevrette, mangeait des fruits à défaut de pain, et s'en venait vendre chez les fermiers d'Ingranne ou de Sully qui touchaient à la forêt le produit de ses déprédations.

Les natures perverties se cherchent, finissent par se rencontrer et se lient entre elles par des liens indissolubles.

Depuis quatre ou cinq ans, la Chevrette et le Mulot s'aimaient comme s'aiment les bandits.

Ils avaient couru les mêmes périls, ils s'étaient vus à l'œuvre.

Les grands taillis et les fourrés d'épines où les sangliers font leurs bauges leur avaient servi de refuge.

Quand ils se rencontraient, imitant en cela les bêtes fauves des bois, ils se fréquentaient un ou deux jours, accomplissaient quelque méfait en commun, puis, obéissant à leur naturel sauvage, chacun tirait de son côté et s'en retournait à sa besogne personnelle, c'est-à-dire à ses méfaits.

La Chevrette et le Mulot avaient fait connaissance d'une singulière façon.

Un garde, qui avait cent fois donné la chasse à la Chevrette sans pouvoir l'atteindre et fait le serment qu'il y réussirait tôt ou tard, s'avisa un jour d'un singulier expédient.

Il dressa deux chiens à la poursuite de ce singulier gibier. Ces deux chiens prirent leur tâche au sérieux.

Un matin, la Chevrette détala devant le garde en lui faisant un pied de nez.

Le garde excita ses deux chiens, qui étaient de grands briquets féroces.

Les briquets partirent en hurlant, empaumèrent la voie, comme s'il se fût agi d'un vrai chevreuil, et se mirent à chasser à pleine gorge.

Le premier jour la Chevrette leur échappa.

Mais le lendemain la chasse recommença, et le troisième jour, à bout de forces, éperdue, vomissant le sang, la Chevrette tomba en sautant un fossé.

Déjà les chiens étaient sur elle et s'apprêtaient à la saisir par sa jupe de cotonnade bleue, son seul vêtement, car elle avait toujours eu les jambes et les pieds nus ; déjà la malheureuse se voyait perdue sans retour, et entendait les pas du garde retentir dans le lointain, lorsque deux coups de feu se firent entendre ; une fumée blanche enveloppa la cépée voisine, deux balles sifflèrent successivement, et les deux chiens furent tués roide.

Le Mulot sortit alors de la cépée, prit la jeune fille dans ses bras, la chargea sur ses épaules et prit la fuite, abandonnant pour cette fois ses collets et ses autres engins prohibés.

A partir de ce moment ce fut, comme on le pense bien, entre elle et lui à la vie à la mort.

Or donc, ce soir-là, tandis que Saurin ramenait le curé Duval à la Renardière et le faisait entrer si rapidement dans la chambre du commandant Richaud, le Mulot rôdait en forêt, lorsqu'il rencontra la Chevrette.

Celle-ci lui dit :

— Tu sais qu'il y a du nouveau à la Renardière ?

— Quoi donc ? demanda le Mulot.

— Le commandant est quasi mort

— Oh ! cette chance ! fit le garnement.

— Il s'est tué en passant une haie. Voilà pour ta sœur, acheva la Chevrette, une jolie occasion de mettre la main sur le magot.

Mais déjà le Mulot était loin et courait à perdre haleine dans la direction de la Renardière.

Il arriva par le parc, sauta la haie du potager, se glissa à plat ventre jusque sous les murs du château, et prêta l'oreille.

Il entendit la Martine crier, Saurin tempêter, le petit Auguste courir, le commandant jurer.

Au lieu de frapper à la porte, au lieu d'entrer, le Mulot obéit cette fois encore à ses habitudes forestières, et en vrai braconnier exercé à surprendre toute espèce de gibier, il grimpa sur un arbre qui montait verticalement en face de la fenêtre du commandant.

Puis il s'établit à califourchon sur une branche, et, de ce poste d'observation, il put assister à la scène que nous avons précédemment racontée.

La fenêtre était fermée, mais les persiennes étaient ouvertes.

Le Mulot n'entendit pas, mais il vit.

Et en voyant, il devina.

Il devina que ce prêtre qui était là, et qu'il reconnut pour être le curé de Saint-Florentin, allait faire revenir le commandant sur une foule de décisions. Quand le curé apporta auprès du lit la petite table sur laquelle il y avait de quoi écrire, et que le commandant prit la plume, le Mulot fut fixé.

— Il va refaire son testament, se dit-il.

Alors, il se laissa couler en bas de l'arbre, et alla coller son museau de fouine à la fenêtre de la cuisine.

La Martine s'y trouvait, et elle s'y trouvait seule, son enfant sur ses genoux.

Elle pleurait.

Saurin était sans doute toujours à la porte du commandant.

Michel aidait probablement Bigorne à mettre les deux chevaux à l'écurie.

Le Mulot frappa deux coups aux carreaux de la croisée.

A ce bruit, la Martine tressaillit et se leva vivement.

Puis, déposant son enfant à terre, elle sortit

précipitamment de la cuisine, et courut à cette petite porte qui donnait du corridor dans le potager.

La Martine avait reconnu le signal ordinaire de son frère.

Celui-ci lui dit tout bas :

— Je n'entre pas. C'est pas la peine qu'on me voie, je sais ce qui est arrivé. Le vieux va tourner de l'œil, et il est en train de faire son testament.

La Martine jeta un cri.

— Tais-toi! dit le Mulot en la saisissant à la gorge, le bruit ne sert à rien.

— Son testament! répéta la Martine bouleversée.

— Et ce n'est pas en ta faveur, ricana le Mulot, puisqu'il en a déjà fait un dans lequel il te laisse tout.

— Oh! le misérable! murmura la Martine dont la nature violente reprit le dessus.

— Tais-toi donc, répéta le Mulot, ou plutôt réponds-moi. Où est le testament qu'il t'a donné?

— Je l'ai...

— Eh bien, garde-le... il aura beau en faire un autre; celui-là... c'est le bon.

Au revoir !

Et le Mulot s'éloigna en courant.

Quand il fut à la haie du potager, il se baissa, ramassa son fusil qu'il avait fourré dans une broussaille, et coula deux balles dans les canons par-dessus la charge de gros plomb.

Puis il se sauva dans la direction de la forêt.

CHAPITRE VIII

Que se passa-t-il entre le prêtre et le mourant, tandis que Saurin montait à cheval pour aller porter le nouveau testament chez le notaire de Lorris?

Le curé ne l'a jamais dit.

Mais, une heure après, la Martine vint frapper de nouveau à la porte et le prêtre lui ouvrit.

— Entre, dit le commandant d'une voix douce et grave.

Cet homme était transfiguré.

Il n'avait plus cet aspect farouche, le geste bref, une voix courroucée sans cesse, qu'on lui connaissait depuis si longtemps.

Sur ses lèvres décolorées errait un sourire calme et empli d'une béatitude mystérieuse.

La Martine s'arrêta interdite sur le seuil de la porte.

Cette physionomie nouvelle de l'homme qu'elle avait asservi en flattant ses brutalités et ses instincts irréligieux, lui en imposa tout à coup.

— Entre, mon enfant, répéta le mourant.

Le petit Auguste, qu'elle tenait par la main, se précipita vers le lit et prit la main du commandant en l'appelant « mon parrain. »

La Martine le suivit.

Mais à un pied du lit, elle s'arrêta.

La présence du prêtre lui inspirait une sorte de crainte respectueuse qu'elle ne pouvait vaincre, en dépit de son audace ordinaire.

Le commandant lui dit encore :

— Mon enfant, j'ai été coupable envers toi, mais j'ai réparé mes fautes dans une sage mesure, et ton enfant sera dans une situation aisée.

Ces mots furent l'étincelle qui met le feu à la mine.

La Martine regarda cet homme qu'elle avait fait trembler si souvent et qui, à son lit de mort, soutenait son regard sans pâlir.

— Oh! oui... dit-elle avec une explosion de colère, je sais ce que vous avez fait.

— J'ai fait mon devoir, dit le mourant.

— Vous avez déshérité votre enfant ! s'écria la Martine.

Et cédant à sa nature emportée et sauvage, serrant les poings, l'écume à la bouche, oubliant enfin le conseil que lui avait donné son frère le Mulot, elle lança au curé Duval un regard d'insolent défi en lui disant :

— C'est vous, méchant calotin, prêtre de malheur, qui avez fait cela !

— Malheureuse ! exclama le mourant, tu insultes mon meilleur ami.

— Vous êtes un monstre ! répéta la Martine.

Le curé Duval la prit par le bras.

— Ma fille, dit-il, l'homme que vous outragez n'a plus que quelques heures à vivre, ne troublez pas par vos blasphèmes ses derniers moments.

— Je me fiche de vous et de lui, dit la Martine avec emportement. Et il peut bien crever comme un chien ! ce n'est pas moi qui l'en empêcherai !

Une heure auparavant, sans doute, le commandant eût rassemblé tout ce qui lui restait de force pour se dresser sur son lit et chasser la misérable qui n'avait pas même le respect de l'agonie.

Mais ce n'était plus le même homme.

Il se contenta de prendre la tête de l'enfant et de l'approcher de ses lèvres.

La Martine se jeta sur le petit Auguste comme une lionne, le saisit dans ses bras et s'écria :

— C'est mon fils... Vous ne l'aurez pas!...

Elle voulut l'emporter. Le curé Duval l'arrêta encore.

— Mon enfant, dit-il avec douceur, votre conduite est des plus blâmables.

— Je me fiche de vous, vieux cafard! répéta la Martine.

Un éclair de colère brilla dans les yeux du commandant; mais un regard du prêtre le calma.

Puis ce dernier, se redressant tout à coup, rejetant sa belle tête en arrière, étendit lentement la main vers la porte et d'une voix qui trahissait l'habitude passée du commandement, il dit à la Martine :

— Sortez!

Son accent, son geste, son regard furent empreints, en ce moment, d'une telle autorité que la Martine se sentit dominée une seconde fois.

Elle se dirigea lentement vers la porte.

Mais comme elle l'ouvrait, l'enfant lui glissa des bras et dit en pleurant :

— Je veux rester avec mon parrain.

Cette fois, la mégère ne chercha point à le retenir ; elle s'en alla en fermant brusquement la porte.

Puis, à mesure qu'elle descendait l'escalier, un torrent de blasphèmes monta jusqu'aux oreilles du mourant.

— Pardonnons-lui, murmura le prêtre avec douceur.

Le commandant Richaud avait étendu sa main sur la tête de l'enfant.

— Duval, dit-il, pour combien de temps crois-tu que j'en aie encore ?

— Mais... balbutia le curé, c'est selon...

— Parle, ne me cache rien... ne suis-je pas prêt à partir, maintenant ?

Et il eut le sourire d'un homme réconcilié avec Dieu.

— Veux-tu savoir l'exacte vérité ? demanda le prêtre.

— Oui.

— Eh bien ! tu peux vivre sept ou huit heures encore ; mais il peut se faire aussi que tu sois étouffé tout à coup, car la balle a pénétré dans le poumon droit.

— Ah ! dit le commandant.

Il eut un moment de silence ; puis il ajouta :

— Je voudrais pourtant bien vivre jusqu'au retour de Saurin. Je ne mourrai tranquille qu'en apprenant que mon testament est chez le notaire.

— Saurin est un homme sur lequel tu peux compter, j'en suis certain, dit le curé.

— Oui... mais je voudrais qu'il fût de retour...

Et, après un nouveau silence, le commandant dit encore :

— Est-ce que tu ne voudrais pas réciter pour moi les prières des agonisants ?

— J'attendais que tu me le demandasses, répondit le prêtre.

Et il s'agenouilla et ouvrit son bréviaire.

Le mourant joignit les mains.

L'enfant lui-même, qui ne comprenait que confusément tout ce qui se passait autour de lui, l'enfant s'agenouilla comme il avait vu s'agenouiller le prêtre, et il demeura silencieux.

Pendant deux heures, on n'entendit dans la chambre que la respiration du mourant, qui s'embarrassait peu à peu et devenait haletante, et la voix grave et sonore du prêtre, qui lisait les vêpres des morts.

Mais, au bout de deux heures, un autre bruit se fit.

La porte venait de s'ouvrir et la Martine entrait de nouveau.

Mais, cette fois, elle marchait sur la pointe du pied ; elle avait le visage baigné de larmes et paraissait en proie à un profond repentir.

Le prêtre la laissa approcher.

Elle vint jusqu'au pied du lit et s'agenouilla.

Alors le mourant étendit ses deux mains sur elle, silencieusement, en signe de pardon, et le prêtre continua sa lecture.

. . . .

Qui donc avait calmé subitement la furie ? que s'était-il donc passé ?

Rien en apparence, et personne n'avait parlé à la Martine pour lui reprocher son odieuse conduite.

Voici ce qui était arrivé :

Comme elle descendait en poussant des cris de rage, elle avait trouvé Bigorne et Michel installés à la cuisine. Michel ne savait pas où allait Saurin.

Celui-ci était entré à l'écurie comme l'ancien

brosseur du commandant, assisté du sacristain, faisait la paille des chevaux pour la nuit.

— C'est pas la peine, avait-il dit. Allons, mon vieux, il faut refaire quelques petites lieues.

En disant cela, il avait frappé sur la croupe du cheval que Michel n'avait point encore débarrassé de sa selle.

— Bon! dit le vieux soldat en voyant Saurin rebrider son cheval, qu'est-ce que tu vas donc faire?

— Une bonne trotte.

— Où donc vas-tu?

Mais Saurin n'aimait pas à dire ses affaires, et encore moins celles des autres.

— Tu le verras, répliqua-t-il.

Et il sauta sur son cheval et partit.

Michel ne savait donc absolument rien de ce qu'avait fait le commandant, et il ignorait que Saurin eût un second testament dans sa poche.

Tandis que l'ancien marchef s'éloignait, Michel ramena Bigorne dans la cuisine, et, toujours persuadé que c'était le domestique du médecin, il lui dit:

— Vous n'avez peut-être pas eu le temps de souper?

— C'est un peu la vérité, murmura Bigorne qui poussa un soupir de soulagement.

Michel ouvrit un bahut, en retira du pain, un reste de gigot et une bouteille de vin et plaça le tout sur la table de la cuisine.

Bigorne avait fait son profit de la conversation de Saurin avec le curé Duval pendant la route.

Pour tout l'or du monde, il n'eût pas cherché en ce moment à désabuser Michel et à lui dire que son maître n'était pas le médecin du Tilleul, mais bien le curé de Saint-Florentin.

Bigorne ne mangeait pas, il dévorait.

Michel tortillait sa moustache grise avec colère et parfois essuyait une larme.

— Je voudrais bien, murmurait-il parfois, que le médecin descendît, nous saurions s'il y a du danger ou si le commandant s'en tirera.

Ce fut en ce moment que la Martine revint en blasphémant.

Michel avait pour habitude de laisser crier et tempêter la mégère sans lui répondre.

De son côté, la Martine était peu communicative, même dans ses plus grands accès de colère, et elle ne confia point à Michel le sujet de son emportement. Michel se garda bien de le lui demander.

Quant à Bigorne, la Martine lui apparut si effrayante qu'il en perdit l'appétit et cessa de manger.

Alors Michel lui fit un signe du coin de l'œil et tous deux se glissèrent sans bruit hors de la cuisine.

La Martine resta donc seule, toujours jurant et brisant de fureur tout ce qui lui tombait sous la main. Près de deux heures s'écoulèrent.

Tout à coup, un bruit singulier parvint aux oreilles de la mégère, et soudain, cessant de crier et de jurer, elle courut à la croisée et l'ouvrit.

Ce bruit était celui d'une fanfare lointaine sonnée au plus profond de la forêt, dans la direction de Lorris.

Or cette fanfare était celle du cerf, et le sonneur nocturne n'avait entamé ni un *lancer*, ni un *bien-aller*, ni un *à-vue*, ni un *bât-l'eau*, mais bien l'hallali.

Un hallali retentissant et joyeux qui disait aux échos lointains :

— Le cerf est mort !

Et la Martine s'apaisa subitement et une réaction se fit en elle, si radicale, si complète, qu'elle remonta à la chambre du commandant où nous l'avons vue revenir repentante et tout en larmes s'agenouiller au pied du lit, tandis que le bon vieux prêtre récitait les prières des agonisants.

Qui donc, à cette heure, sonnait en forêt un joyeux hallali ?

Mystère !

CHAPITRE IX

Les premières lueurs du matin blanchissaient les arbres de la forêt.

Le commandant vivait encore, mais son souffle allait s'affaiblissant, son œil devenait terne et vitreux. Cependant il conservait toute sa connaissance.

Le prêtre priait toujours, la Martine était restée à genoux.

Quant à l'enfant, il s'était endormi, la tête appuyée sur l'oreiller qui supportait celle du mourant.

— Quelle heure est-il? demanda le commandant, dont la voix n'était plus qu'un souffle, au moment où le prêtre s'interrompait pour tourner un des feuillets de son bréviaire?

— Bientôt sept heures, répondit le curé Duval, qui leva les yeux vers une petite pendule placée sur la cheminée.

— A quelle heure Saurin est-il parti?

— A minuit...

— Il devrait être de retour, soupira le commandant.

Le prêtre continua à prier; la Martine ne dit mot.

Le jour grandissait et les forces du mourant s'en allaient.

Il essaya de parler encore; mais ses lèvres remuèrent sans laisser passer aucun son.

Alors le curé Duval vit bien que le moment était proche.

Il ferma son livre, et prit dans sa main la main de son ancien compagnon d'armes.

Mais les ombres de la mort voilaient déjà son regard qui, à plusieurs fois encore, s'était porté vers la pendule.

— Allons, mon ami, du courage, dit le prêtre d'une voix émue.

Le mourant ne répondit que par un hoquet, et dès lors sa respiration s'embarrassa.

Le délire commençait.

La Martine, jusque-là silencieuse et recueillie, se leva le visage inondé de larmes et s'écria :

— Mon Dieu! il va donc passer?

Le prêtre ne répondit pas.

Alors des mots sans suite et sans signification, accompagnés de hoquets, sortirent de la poitrine du commandant, ses yeux devinrent fixes, il eut quelques soubresauts, puis tout s'éteignit....

Cependant il vivait encore, mais son esprit était déjà parti pour ces sphères mystérieuses d'où nul n'est jamais revenu.

Le corps seul luttait.

La Martine éclata en sanglots et l'enfant s'éveilla.

Elle le prit dans ses bras et le coucha auprès du moribond.

L'enfant, qui paraissait comprendre la solennité du moment, approcha ses lèvres roses de la bouche du commandant.

Celui-ci parut reprendre un moment connaissance, mais ce ne fut qu'un éclair : le délire continuait.

— Emportez cet enfant, dit le curé Duval à la Martine, il est trop jeune pour avoir un pareil spectacle sous les yeux.

La Martine obéit et elle appela Michel.

Michel et Bigorne se tenaient immobiles au seuil de la chambre depuis plusieurs heures.

Michel prit l'enfant par la main et l'emmena.

Le curé Duval donna alors au mourant l'absolution *in extremis*.

Un rayon de soleil entrait par la fenêtre et commençait à se jouer sur la courtine du lit.

Et comme si ce pâle soleil d'hiver l'eût un moment réchauffé, le commandant rouvrit les yeux.

En ce moment aussi la pendule sonna.

Il était huit heures.

Le commandant se souleva brusquement.

— Saurin? prononça-t-il distinctement, où est Saurin?

Puis il retomba, et un souffle suprême sortit de sa bouche. Son âme venait de quitter son corps.

Fidèle à sa promesse, le curé ferma lui-même les yeux de son ami.

Quand il eut accompli ce pieux devoir, il prit la main de la Martine et lui dit:

— Mon enfant, il faut écrire à la nièce, et lui écrire sur-le-champ. Il est convenable qu'elle soit ici pour les funérailles. Voulez-vous que je m'en charge?

— Comme vous voudrez, monsieur le curé, répondit la Martine au milieu des sanglots.

. . . .

Quelques heures après, le curé Duval quittait la Renardière.

Un prêtre de campagne ne s'appartient pas. Chaque heure de sa vie est à ses paroissiens. Quand il a récité ici les prières des morts, il doit porter là-bas les consolations de la religion à ceux qui vivent encore, mais que le mal a déjà terrassés.

Cependant le vieux prêtre ne s'en était point allé de la Renardière sans prendre une foule de dispositions.

Il avait écrit à Mlle Paumelle, la pauvre sous-maîtresse dans un pensionnat d'Orléans.

Michel était parti à cheval porter la lettre.

Il avait envoyé Bigorne à Seury, le village sur le territoire duquel était située la Renardière.

Bigorne était allé prévenir le curé de Seury et s'entendre avec lui pour les funérailles.

Tout cela avait pris du temps, et il était près de onze heures du matin lorsque le curé de Saint-Florentin enfourcha son bidet.

Chose étrange! Saurin n'était pas revenu.

Où était-il? Pourquoi ce retard?

Le curé Duval, en proie à une certaine inquiétude, cherchait pourtant à se donner de bonnes raisons pour en triompher.

Esclave de sa consigne, le vieux soldat n'avait peut-être pas trouvé le notaire, et, ne voulant pas confier le testament à un clerc, il avait attendu le retour de l'officier ministériel.

Certainement il trouverait Saurin de retour le soir, car il avait promis à la Martine éplorée et repentante de revenir le soir, ou tout au moins le lendemain matin, pour les funérailles.

Ainsi agité, livré à des pressentiments bizarres, le curé Duval traversa la forêt et ne s'arrêta un moment qu'à la porte de la Métivière, dont l'accès de fièvre était passé.

Puis il continua son chemin, sans faire part à Bigorne de ses inquiétudes.

D'ailleurs Bigorne ignorait pourquoi Saurin était parti de la Renardière au milieu de la nuit, et le curé n'avait pas jugé à propos de le lui apprendre.

La forêt d'Orléans très-étroite en de certaines parties et dont la longueur est d'une quinzaine de lieues au moins, possède deux ou trois massifs très-profonds, sans autres routes que ces allées forestières que ne fréquentent guère que les chasseurs et les gardes. Sur ces points-là, elle est comme une véritable muraille de la Chine entre les pays qui lui sont limitrophes.

Il n'y a entre les clochers du nord et ceux du sud aucune relation.

Deux villages, à peine distants de cinq ou six lieues, n'ont entre eux aucun rapport, du moment où la forêt les sépare.

C'est ce qui explique comment le curé Duval, qui était depuis près de trente ans desservant à Saint-Florentin, n'avait jamais entendu prononcer le nom de son vieil ami le commandant Richaud, bien que celui-ci fût établi depuis six ans à la Renardière.

Le curé rentra donc à son presbytère dans l'après-midi.

Manon, la vieille servante, était fort en peine de lui et l'attendait avec impatience.

Les paroissiens, qui n'avaient pas entendu sonner la messe comme à l'ordinaire, à la pointe du jour, s'étaient montrés inquiets de cette absence prolongée de leur curé.

Enfin un habitant de la commune était mort subitement, et il fallait l'enterrer le lendemain matin.

— Je ne pourrai pas retourner à la Renardière, dit le curé Duval à Bigorne. Il faut que je fasse mon devoir ici. Mais tu iras, toi, tu accompagneras mon pauvre ami au cimetière.

— Et qui me remplacera demain ? demanda Bigorne.

— Un des deux enfants de chœur, répondit le curé.

Bigorne se reposa quelques heures et repartit pour la Renardière.

Le lendemain le curé dit sa messe et procéda à l'inhumation du père Girard.

C'était l'habitant qui était mort subitement.

Comme il revenait du cimetière, le curé Duval trouva un paysan qui l'attendait.

On venait le chercher pour porter le viatique à une vieille femme qui habitait un hameau éloigné en amont de la Loire.

L'infatigable curé partit encore.

Il ne revint que fort tard dans la nuit à son presbytère et trouva Bigorne de retour.

Bigorne était pâle et tout bouleversé.

Sa figure béate et placide avait une expression tellement effrayée que le curé lui dit vivement :

— Mais qu'as-tu donc ? qu'est-il donc arrivé ?

— Monsieur, répondit Bigorne, il n'y a que

vous qui sachiez où le commandant, quelques heures avant sa mort, a envoyé Saurin.

— Sans doute, je le sais, dit le curé. Eh bien ?

— Eh bien ! Saurin n'est pas revenu.

Le curé fit un pas en arrière.

— Non, monsieur, répéta Bigorne, Saurin n'est pas revenu, et il ne reviendra probablement jamais...

— Que dis-tu? fit le curé tout frémissant.

— Oh! si vous saviez ce qui est arrivé...

— Parle.

— Je suis parti hier soir, comme vous savez, poursuivit Bigorne.

— Bon !

— Quand je suis arrivé à la Renardière, j'ai trouvé Mlle Mignonne tout en larmes, et Michel qui tordait sa moustache avec fureur en disant : Ces canailles de braconniers, ils ont assassiné mon pauvre Saurin !

— Assassiné! s'écria le curé pâlissant.

— Du moins, reprit Bigorne, on n'en sait rien encore, car on ne peut pas le retrouver. Les gardes ont battu la forêt dans tous les sens, on a fouillé tous les fourrés d'épines. Rien!

— Un homme et un cheval ne disparaissent

pourtant pas ainsi, dit le curé, dont l'émotion allait croissant.

— On a retrouvé le cheval.

— Ah !

— Il y avait une heure quand je suis arrivé à la Renardière, continua Bigorne.

— Mais où l'a-t-on retrouvé ?

— Dans une marnière qui a trente pieds de profondeur, sur la route de Lorris.

— Mort ?

— Oui, monsieur, frappé d'une balle au poitrail.

— Et Saurin ?

— Pas de Saurin. Une des étrivières avait cassé.

Les gendarmes, le juge de paix sont venus. On a fait une enquête ce matin, après l'enterrement du commandant et avant l'apposition des scellés.

Le brigadier de gendarmerie explique la chose à sa manière.

Le cavalier aura reçu une balle qui l'aura tué roide et le poids de son corps aura fait casser l'étrivière.

Il sera tombé avant le cheval sur lequel on aura fait feu quelques minutes après, au moment où il passait épouvanté au bord de la marnière.

— A preuve que cela a dû se passer ainsi, poursuivit Bigorne, c'est qu'on a trouvé à vingt-cinq pas en avant de la Marnière une flaque de sang.

— Et pas de cadavre ?

— Pas trace.

— Selle-moi Coco, dit le curé Duval.

Comment! monsieur le curé, s'écria la vieille Manon, vous allez encore repartir ?

— Je vais où mon devoir m'appelle, répondit le curé ; je ne suis en ce monde que pour cela.

CHAPITRE X

Cette fois, le curé Duval partit seul.

Il ne voulait pas faire arpenter deux fois de suite le chemin à Bigorne.

Du reste, en montant à cheval, le curé était tellement ému qu'il éprouvait le besoin d'être seul, de se recueillir et d'adopter un plan de conduite.

Saurin avait disparu.

On avait retrouvé son cheval mort au fond d'une marnière.

Un crime avait donc été commis?

Quel était l'auteur du crime? Quel en avait été le mobile?

Voilà les deux questions que le curé n'osait pas se poser.

Michel et tous ceux qui ne savaient pas que Saurin était porteur d'un testament pouvaient mettre sa mort sur le compte du braconnage.

Dans de certaines communes des environs de la forêt d'Orléans tout habitant possède un fusil, va à l'affût, pose des collets, tend des piéges.

Sous prétexte de faire paître ses vaches, le fermier envoie son fils en forêt toute l'année. Le fils a quinze ans, il est hardi, audacieux, il porte un paquet de collets sous sa blouse, et il a caché dans le bois un de ces fusils qui se démontent en trois morceaux.

Si un faon bondit tout à coup au milieu des vaches, le faon est mort.

Si une chasse se fait entendre au loin, l'enfant se couche et colle son oreille au sol; il saura bientôt si la chasse doit venir de son côté, si la bête a une grande avance sur les chiens.

Puis il abandonnera ses vaches, ira se poster dans un faux chemin ou à une demi-côte de clairière, qui sont des passages assez sûrs.

Le chevreuil arrive, les chiens sont loin encore. Le petit paysan fait feu, tue l'animal et l'emporte tout gigottant sur son dos.

Les chiens n'arriveront que dans un quart

d'heure, les chasseurs sont plus loin encore.

Un chevreuil mort qu'on emporte ne laisse plus de fumet derrière lui. Les chiens seront en défaut, les chasseurs se donneront au diable, et le soir, tandis qu'ils rentreront tristement en sonnant la *retraite manquée*, le pauvre broquart arrivera dans la ferme caché dans un fagot.

Le garde qui fait son devoir et verbalise sans pitié est bien courageux de s'attarder en forêt.

Pourtant le garde du Gouvernement, celui qui est payé par l'Etat, est plus tranquille.

Le braconnier l'évite; il ne fera feu sur lui qu'à la dernière extrémité.

Le garde particulier, au contraire, celui qui défend une propriété privée, est exécré.

Le braconnier pardonne au Gouvernement de protéger les bois.

Il ne pardonne pas au propriétaire de vouloir sauvegarder son gibier.

Qui terre a guerre a, a dit Balzac, et c'est la pure vérité.

Saurin n'était donc pas aimé plus que les autres. Bien au contraire!

L'ancien soldat était sans pitié pour les maraudeurs, surtout depuis un certain jour où une demi-douzaine de femmes d'Ingranne, une commune de braconniers s'il en fut, l'ayant trouvé endormi en forêt, l'avaient déshabillé et battu, puis s'étaient sauvées en emportant ses habits et le laissant nu comme un ver.

Il avait fait bien des procès depuis dix ans, et la poudre est si peu chère !

Il pouvait très-bien se faire qu'il fût réellement tombé sous la balle d'un braconnier lui ayant gardé rancune.

Mais alors pourquoi le cadavre avait-il disparu ?

D'un autre côté, n'était-il pas plus raisonnable de penser que ceux qui avaient intérêt à faire disparaître le testament du commandant étaient les auteurs du crime ?

Mais la seule personne qui eût intérêt à cela, c'était la Martine.

Et non-seulement la Martine n'avait pas quitté la maison durant la nuit, mais elle avait témoigné une grande douleur et un vif repentir de ses emportements.

Le curé Duval se disait tout cela en trottant vers la Renardière.

En même temps, il faisait cette réflexion :

— On finit toujours par découvrir un cadavre, et l'on trouvera certainement celui de Saurin.

S'il a été réellement tué par les braconniers, il aura sans doute encore sur lui le pli cacheté adressé au notaire de Lorris; et, dans ce cas, personne, à l'heure qu'il est, ne sachant que le commandant avait fait un second testament, il serait imprudent d'en parler.

Ce fut dans ces sages dispositions que le vieux prêtre arriva à la Renardière.

Il était parti de Saint-Florentin si avant dans la nuit que lorsqu'il franchit le seuil du château il était grand jour.

Mlle Mignonne était arrivée.

La Martine, toujours éplorée, toujours dans son rôle respectueux et plein de repentir, accueillit le curé Duval avec de grandes démonstrations.

Jamais elle ne s'était montrée si humble.

Retirée dans la cuisine avec son fils, elle laissait Mlle Mignonne, la nièce et l'unique parente du défunt, dans le grand salon de la Renardière.

Michel se désolait et n'accusait de la mort de Saurin que les braconniers.

Le brigadier de gendarmerie qui était encore à la Renardière était tout à fait de cet avis.

Quand le curé arriva, il trouva le vieux soldat et le brigadier qui s'énuméraient les nombreux procès-verbaux dressés par Saurin, comptaient les braconniers du plus mauvais renom et se livraient à mille conjectures.

Le curé pensa qu'il fallait écouter, observer et ne rien dire.

A de certaines heures, les événements dominent et déjouent tous les calculs humains.

Le prêtre laissa donc Saurin et le brigadier poursuivre leurs investigations, la Martine pleurer à la cuisine, et ce fut à la jeune fille, à l'orpheline qu'il alla porter ses consolations.

Mlle Paumelle, Mignonne, comme on l'appelait, était entièrement vêtue de noir.

Elle pleurait son oncle comme elle avait pleuré sa mère.

Elle avait oublié déjà les torts de sa vieillesse pour ne se souvenir que du temps où il l'aimait comme son enfant.

Elle ne s'était même pas préoccupée de savoir si son oncle avait assuré son existence.

Si Mlle Paumelle, orpheline de bonne heure et déjà la victime d'intrigues de toute sorte, était une héroïne de roman, nous l'eussions dépeinte avec des cheveux blonds, de grands yeux mélancoliques, une taille frêle, une grande distinction et une profonde tristesse native.

Mais nous devons à la vérité de dire qu'elle n'était rien de tout cela.

Mignonne était de taille moyenne, un peu rondelette, jolie à croquer, avec des yeux d'un bleu sombre, des cheveux châtains, des pieds charmants et une main blanche et fine.

Elle avait été rieuse à ses heures, en dépit de son peu de bonheur en ce monde.

Elevée à la campagne, elle jouissait de cette santé robuste qui puise sa force dans le grand air.

Le curé Duval lui parla de sa vieille amitié pour son oncle et ajouta :

— Mon enfant, vous êtes femme, vous êtes jolie, vous êtes seule maintenant, la vie est pleine de dangers pour vous.

— Oh! je le sais, répondit-elle; mais Dieu est bon et je crois en lui.

— Je serai votre protecteur, répondit le curé.

Elle lui prit la main et la serra avec émotion.

— Je vous vois pour la première fois, dit-elle, mais je sens que je vous aimerai comme un père.

Et le vieux prêtre et la jeune fille causèrent longtemps.

Elle confiante dans l'avenir, lui n'osant lui parler des dernières dispositions de son oncle, tant il redoutait déjà que ce malheureux testament ne fût point retrouvé.

Mais tout à coup leur entretien fut troublé par une grande rumeur qui se fit à la porte du château. Le curé sortit pour voir ce dont il s'agissait.

Il y avait à la porte un gendarme à cheval et deux gardes de la forêt.

Les gardes avaient retrouvé le cadavre de Saurin et le fusil qui avait servi à commettre le crime.

Tous les gens du château étaient groupés autour du gendarme qui avait accompagné les deux gardes. L'un de ceux-ci n'était autre que le brigadier Maurel, le père de la Martine.

Maurel avait trouvé le corps de Saurin, non dans un fourré d'épines, non dans un fossé, mais sur un arbre.

Il y a dans la forêt, pauvre en futaie du reste, çà et là un grand chêne ou un orme séculaire.

A cent pas de la marnière où le cheval était tombé, au milieu d'un taillis, se dressait un chêne qui avait été couronné, et dont les boutures formaient un branchage impénétrable affectant la forme d'un nid de pie.

Le brigadier avait vu tournoyer une bande de corbeaux au-dessus de cet arbre.

Il s'était approché, et son œil perçant avait fini par découvrir au milieu des branches moussues le corps de Saurin qu'on avait couché horizontalement sur une branche assez large.

Maurel avait prévenu en toute hâte le garde du cantonnement.

Mais ni celui-ci ni lui n'avaient osé monter sur l'arbre et descendre le cadavre.

A dix pas de l'arbre était un fusil à deux coups dont les deux canons étaient déchargés.

Maurel et son garde avaient rencontré le gendarme que le brigadier renvoyait à Lorris, et qui alors avait rebroussé chemin vers la Renardière.

Maurel tenait le fusil à la main.

Mais à peine Michel eut-il vu cette arme qu'il s'écria :

— C'est le fusil du Rossignol! Il n'y a que lui qui ait pu faire le coup.

Rossignol était un ancien valet de charrue de la Renardière.

Il était voleur et braconnier.

Saurin l'avait fait congédier.

Rossignol en avait gardé rancune; il avait tenu des propos menaçants contre Saurin en mainte circonstance.

Enfin, et ceci pouvait avoir une importance énorme, Rossignol était un homme d'une agilité inouïe et il grimpait sur les arbres pour dénicher des pies ou des sansonnets avec une telle adresse qu'on l'avait surnommé l'Ecureuil.

— Oh! le brigand! disait Michel, c'est lui, c'est bien lui!

— Mes amis, dit le brigadier de gendarmerie, il faut nous diviser.

Vous, Maurel, vous allez conduire mon camarade au pied de l'arbre. Il y restera. Il ne faut pas descendre le cadavre avant que la justice ne soit arrivée.

Moi, je vais mettre la main sur Rossignol, c'est le plus pressé.

Le curé Duval eut un frémissement d'espoir.

Si la mort de Saurin était l'œuvre de Rossignol, et par conséquent le résultat d'une vengeance, on retrouverait certainement sur le cadavre de Saurin le testament du commandant, et Mlle Mignonne ne serait point déshéritée.

CHAPITRE XI

Rossignol, dit *l'Ecureuil*, était un de ces hommes petits, maigres et nerveux, qui cachent une force herculéenne sous une apparence chétive.

Adroit et leste, presque aussi rapide à la course que le Mulot, ce frère à peine entrevu de la Martine, Rossignol avait une fort mauvaise réputation dans toute la contrée environnante.

Il avait fait un an de prison pour vol.

A la campagne, celui que la loi a flétri trouve moins d'indulgence encore qu'à la ville.

Rossignol était braconnier et il vivait en chambrion, c'est-à-dire qu'il vivait seul, dans une maisonnette qui était son œuvre, à la lisière de la forêt, sur un quart d'arpent de mauvaise terre qu'on lui avait vendu à bas prix.

Sa profession avouée était celle de bûcheux ou bûcheron.

Il prenait à forfait le débit et l'encordage d'un lot de bois vendu par la forêt et gagnait de vingt à trente sous par jour.

Sa profession occulte était le braconnage.

Rarement, la nuit venue, on l'eût trouvé chez lui.

Il passait les nuits à l'affût.

Comme les gendarmes avaient souvent fait des perquisitions chez lui, jamais il n'y rapportait ni son fusil, ni ses engins, ni son gibier.

A l'exemple des sauvages de l'Ohio ou de l'Orénoque chantés par Cooper, il avait établi ses magasins sur des arbres inaccessibles pour tout autre que lui, dans differents endroits de la forêt.

Ses collets de rechange étaient cachés dans un tronc de bouleau.

Il suspendait son fusil dans un branchage touffu. Il pendait le lièvre ou le chevreuil qu'il venait de tuer à l'affût, au bout d'un gaulis, au-dessus d'un fourré d'épines.

A l'époque où Saurin fut assassiné, Rossignol

avait depuis quelque temps déjà abandonné momentanément le braconnage au fusil.

On était à la fin de novembre, le passage des bécasses était abondant.

Rossignol s'entendait à merveille à tendre ces piéges composés de longues branches et d'un crin de cheval qu'on dispose dans les endroits humides que la bécasse fréquente.

Aussi, depuis plus de quinze jours, son fusil était-il resté caché dans une cépée, sans même que Rossignol allât dans le canton de la forêt où il se trouvait.

Qui donc avait trouvé ce fusil? qui donc s'en était servi pour tuer Saurin?

Voilà ce que personne n'aurait pu dire.

Toujours est-il que le brigadier de gendarmerie, qui était un homme résolu, partit de la Renardière pour arrêter Rossignol.

La cabane du chambrion était située à deux lieues du château, sur le territoire d'Ingranne. Cette commune, comme nous l'avons déjà dit, a une population de braconniers féroces.

Ils ne se contentent pas de détruire le gibier de la forêt par tous les moyens possibles, ils tirent encore sur les chiens des propriétaires chasseurs des environs.

Rossignol, qui inspirait une sorte d'effroi dans les communes environnantes, était fort bien vu à Ingranne.

Qui se ressemble s'assemble.

Mais, comme dit le paysan, nul n'est louis d'or, c'est-à-dire qu'on ne saurait plaire à tout le monde.

Rossignol avait un ennemi, un rival en braconnage, un chenapan qu'on appelait Ferdinand, et qu'on avait surnommé le Tueur de de chiens.

Celui-ci était jaloux de Rossignol, parce que le poulailler de Fay-aux-Loges lui donnait plus d'argent de son gibier.

Le brigadier s'étant mis en route pour la cabane de Rossignol, rencontra Ferdinand.

Le Tueur de chiens cligna de l'œil et lui dit :

— Mon brigadier, si vous voulez faire une belle chasse je vous en donnerai les moyens.

— Ah! fit le brigadier.

— Vous connaissez Rossignol l'Ecureuil?

— Pardi! répondit le brigadier.

— Faites donc un bout de visite chez lui. Il y a gras, allez!

— Comment ça?

— Il est rentré au petit jour avec un fameux sac de bécasses.

Voici bien trois jours qu'il n'était pas revenu.

— Vraiment? dit le brigadier qui joua l'indifférence.

— Aussi il ne tenait plus sur ses jambes. On ne sait pas quel métier il a fait en forêt toutes ces nuits dernières, mais il a l'air d'un déterré.

— Alors tu le crois chez lui?

— J'en suis sûr, et bien certainement qu'il dort comme une marmotte.

Le brigadier continua son chemin en examinant Ferdinand, le Tueur de chiens, qui se réjouissait, lui, d'avoir dénoncé son ennemi.

En effet, Rossignol avait passé trois ou quatre nuits dehors, et cela dans un canton de la forêt tellement éloigné de la Renardière qu'il n'avait pas même entendu parler du crime commis.

C'était le matin seulement qu'il était revenu.

Et ce matin-là était un vendredi.

Or, le vendredi était le jour où le marchand de gibier venait faire sa tournée à Ingranne et ramassait tout ce qu'il trouvait dans les fermes.

Ceci explique pourquoi Rossignol était rentré avec son sac de bécasses, au lieu de le cacher en forêt.

Ferdinand avait dit vrai.

Harassé de fatigue, Rossignol s'était jeté sur l'amas de paille qui lui servait de lit et dormait d'un profond sommeil lorsque le brigadier arriva.

A cent pas de la cabane, celui-ci avait mis pied à terre, attaché son cheval à un arbre; puis il s'était avancé avec précaution jusqu'à la cabane, et, se dressant sur la pointe de ses bottes, il avait regardé à l'intérieur par l'unique croisée dont le châssis était recouvert d'un papier huilé tout crevassé.

Rossignol dormait profondément.

Il était tout vêtu, et ses souliers étaient enduits de cette boue noire qu'on trouve en toute saison dans la forêt d'Orléans.

Le brigadier tira la bobinette de la porte et entra. Rossignol s'éveilla en sursaut, ouvrit les yeux, jeta un cri, et, obéissant à un premier mouvement de frayeur, fit mine de vouloir fuir. Mais le gendarme le prit au collet en lui disant :

— Tu as donc commis quelque crime, que mon tricorne te fait peur ?

Rossignol se remit de son émotion :

— Faut-il que je sois bête! dit-il. Un honnête homme ne doit pas avoir peur des gendarmes.

— C'est mon avis, dit le brigadier.

Et il ferma la porte.

Rossignol avait retrouvé toute sa présence d'esprit.

— Qu'est-ce qu'il y a pour votre service? dit-il.

— Je viens te demander un renseignement, mon garçon.

— Si ça se peut... De quoi s'agit-il?

— On a tiré deux coups de fusil l'autre nuit en forêt.

Rossignol crut qu'il s'agissait de quelque sanglier tué à l'affût.

— Ce n'est pas moi toujours, dit-il, voici trois jours que je ne suis pas sorti. J'ai les fièvres.

— Tes souliers sont bien crottés pour un homme qui n'est pas sorti de chez lui, observa le gendarme.

Rossignol comprit qu'il était trahi, et il se hâta d'ajouter :

— Je suis sorti sur la porte, hier soir, pour aller chercher du bois.

— Ah! fit le brigadier. Alors tu ne sais rien de ces deux coups de feu?

— Rien du tout. C'est peut-être Ferdinand... Il est toute la nuit en forêt.

— Et Saurin, y a-t-il longtemps que tu ne l'as vu?

— Oh! le brigand! dit Rossignol, il ne passe jamais par ici. En voilà une canaille!

— Eh bien, figure-toi, dit le gendarme, que Saurin prétend que c'est toi qui as tiré...

Le tempérament bilieux de Rossignol s'échauffa.

— Il en a bien menti, le misérable! dit-il.

— Et lui dirais-tu cela en face?

— Oui, certes, que je le lui dirais!

— Eh bien, mon garçon, dit le brigadier d'un air paterne, viens donc t'expliquer à la Renardière.

— Ah! mais non, dit Rossignol; c'est pas la peine...

— Pourtant il faut que tu y viennes.

— Je n'ai rien à y faire...

— Si Saurin t'accuse à tort, dit le gendarme, c'est lui qui payera les pots cassés. Mais, en attendant... je te fais mon prisonnier.

— Comment! vous m'arrêtez!

— Oui, et tu sais ce que ça coûte la rébellion aux agents de la force publique.

La grande préoccupation de Rossignol était son sac de bécasses qu'il avait caché sous un fagot.

— Après ça, dit-il, je veux bien aller à la Renardière, mais si je vous prouve que je ne suis pas allé à l'affût cette nuit...

— Je te relâcherai tout de suite, mon garçon.

— Allons! dit Rossignol en prenant sa casquette, son carnier et son bâton.

Mais le brigadier lui dit :

— Tu penses bien qu'il faut que je te mette les menottes. Tu cacheras tes mains sous ta blouse, si tu as honte.

— Les menottes! exclama Rossignol stupéfait. Elle est forte, celle-là!

Mais le brigadier tira les menottes de sa poche, et Rossignol qui ne voulait pas s'attirer une mauvaise affaire, se prêta à la circonstance.

....

Deux heures après, le brigadier et son prisonnier arrivaient à la Renardière.

Ils étaient venus par la forêt et n'avaient rencontré personne.

A cent pas du château, Rossignol vit un rassemblement de paysans devant la porte.

— Nous allons entrer par la porte de derrière, dit le brigadier, qui ne voulait pas que Rossignol fût averti de la découverte du cadavre.

C'était précisément cette découverte qui était la cause du rassemblement.

Le juge de paix, arrivé en toute hâte, s'était transporté sur le lieu du crime en compagnie des gardes et de Michel.

On avait descendu de l'arbre le cadavre de Saurin et on l'avait apporté à la Renardière.

Puis on l'avait étendu sur un lit, dans une des salles basses du château.

Le médecin amené par le juge de paix déclara que la mort avait dû être instantanée.

Le curé Duval, qui n'avait soufflé mot jusque-là, prit Michel à part et lui dit :

— Tu n'as pas quitté les gendarmes?

— Pas une minute.

— Tu étais là quand on a descendu le cadavre?

— Oui.

— Tu ne l'as pas fouillé?

— Non.

— C'est bien, attendons, murmura le curé.

Ce fut alors que Rossignol, qui lui était assez connu, entra poussé par le brigadier.

Mis subitement en présence du cadavre, Rossignol jeta un cri d'étonnement qu'on prit pour un cri d'effroi.

Mais, quand on lui représenta son fusil, il

se troubla, balbutia et fut pris d'une telle émotion qu'il prononça des mots sans suite et ne put que s'écrier :

— Ce n'est pas moi, je suis innocent !

Mais les apparences étaient si bien contre lui que le magistrat maintint Rossignol en arrestation.

Le curé Duval intervint alors :

— Monsieur le juge de paix, dit-il, quand le malheureux Saurin a été assassiné, il se rendait à Lorris, porteur d'un pli cacheté sans valeur pour tout autre que le destinataire.

La veste de chasse de Saurin ne paraissait pas avoir été déboutonnée.

Ce pli doit se trouver dans la poche de côté.

On ouvrit la veste de Saurin, mais on ne trouva rien. Le testament avait disparu.

Alors, le curé regarda tour à tour la Martine, qui s'était fait un front d'airain, et Rossignol, que la clameur publique accusait, que les apparences accablaient, et il demeura convaincu de l'innocence de cet homme.

. . . .

CHAPITRE XII

Orléans se souvient encore de ce drame judiciaire. La rue de la Bretonnerie, une rue mélancolique et triste où l'herbe pousse entre les pavés, fut encombrée d'une foule énorme pendant deux jours.

Ceci se passait deux mois après les événements que nous venons de raconter, c'est-à-dire la mort du commandant Richaud, l'assassinat de Saurin, et l'arrestation de ce braconnier mal famé qu'on appelait Rossignol dit l'Ecureuil.

Les débats duraient depuis deux jours, et avaient passionné à l'excès la population de la ville et du département.

Quand l'opinion publique se prononce pour ou contre, elle est absolue et n'entend point être discutée.

Or, l'opinion publique, depuis deux mois, avait à l'avance condamné Rossignol dit l'Ecureuil.

Elle avait analysé et groupé les faits, accumulé les preuves, déduit avec une rigoureuse logique chaque effet de sa cause et prouvé mathématiquement que Saurin avait été assassiné par Rossignol, si bien que lorsque les jurés prirent place sur leurs siéges, l'opinion publique trouva parfaitement inutile qu'ils prissent la peine de juger, au lieu d'appliquer purement et simplement la peine de mort.

Cependant les débats s'ouvrirent.

Un grand avocat de Paris était assis au banc de la défense.

Rossignol était pourtant un de ces pauvres hères de criminels à qui la cour nomme ordinairement un défenseur d'office.

Mais le prince de la parole était venu le défendre. Pourquoi?

Parce que Rossignol, à son insu sans doute, avait un protecteur, un homme qui croyait à son innocence, quand tout le monde l'accusait, un homme qui voulait que cette tête fût défendue avec d'autant plus d'énergie et de vaillance, que c'était celle d'un paysan que l'opinion publique avait condamnée à l'avance.

Avant l'instruction, tandis que la clameur universelle disait : Rossignol seul a pu assassiner Saurin, on a retrouvé son fusil ; il en voulait depuis longtemps au garde et avait proféré contre lui des menaces de mort, — un homme, un seul avait élevé la voix pour s'écrier : Non, Rossignol n'est pas coupable !

Cet homme, c'était le curé Duval.

Sur quoi basait-il sa conviction ? Il ne l'avait dit à personne.

Mais c'était lui qui avait écrit au grand avocat une lettre éloquente, comme un plaidoyer.

Cette lettre d'un pauvre prêtre de campagne avait touché maître X..., il était venu.

Il avait étudié la cause, il avait eu un long entretien avec le curé Duval, et quand il vint prendre place au banc de la défense, il était convaincu qu'il allait défendre un innocent.

Donc les débats avaient duré deux jours.

La ville d'Orléans s'était emplie tout à coup de bruit, de murmures, de gens affairés et passionnés.

Les auberges étaient combles, les places et les rues encombrées.

Comme la salle des assises ne pouvait contenir qu'un certain nombre de personnes, la foule stationnait au dehors du palais de justice.

Mais elle était au courant de ce qui se passait à l'intérieur, et chaque incident inattendu, chaque fait nouveau se produisant tout à coup à l'audience était répété de bouche en bouche et faisait le tour de la ville.

La lutte fut longue, acharnée.

Les témoins à charge étaient nombreux, les preuves accablantes.

Rossignol était un homme d'intelligence épaisse pour tout ce qui n'était pas sa passion favorite, le braconnage.

Dès le commencement des débats, il se défendit mal et perdit la tête.

Le soir du premier jour, il n'était personne à Orléans qui ne doutât d'une condamnation et d'une condamnation à mort.

Nul n'avait été témoin du crime, mais tout démontrait que ce crime avait été commis par Rossignol.

La physionomie ingrate de l'accusé plaidait également contre lui.

Il eut des emportements et des colères qui achevèrent de compromettre sa cause.

Le soir du premier jour, Rossignol paraissait condamné; mais, le lendemain, à l'ouverture de l'audience, le défenseur demanda à faire entendre un témoin à décharge, un seul!

On n'en eût pas trouvé un second dans tout le département.

Ce témoin unique, c'était le curé Duval.

L'Orléanais est un pays religieux; néanmoins les idées nouvelles y ont fait leur petit chemin, et l'influence du clergé y trouve de robustes adversaires.

Tout autre prêtre que le curé Duval eût soulevé des tempêtes.

Mais il y avait quarante années que ce vieillard était la providence de toute la contrée qui environnait le clocher de son humble église.

On savait une partie de son histoire.

Il avait été soldat, il était de race patricienne, il avait renoncé à tout pour endosser le sombre uniforme des défenseurs du Christ.

Quand on le vit paraître au banc des témoins, avec sa grande taille, sa tête blanche, il y eut comme un revirement dans l'esprit de l'auditoire. Ce jour-là, le prêtre ne cachait point avec humilité cette croix gagnée sur les champs de bataille.

Il l'avait fièrement étalée sur sa poitrine, comme s'il eût voulu, en ces temps de scepticisme et de libre croyance, abriter l'autorité de sa parole sous la double égide de l'honneur du prêtre et de l'honneur du soldat.

Et ce fut le soldat qui parla, avec cette simplicité convaincue, cette liberté de langage qui séduiront toujours la foule.

Il raconta comment le hasard lui avait fait rencontrer Saurin et comment il était allé à la Renardière.

Il parla de sa vieille amitié pour le commandant Richaud.

Le récit que lui avait fait Saurin repassa tout entier dans sa bouche.

Tandis qu'il parlait, un silence profond régnait dans la salle.

Sur quoi le prêtre basait-il sa conviction?

Sur un fait unique.

Le commandant, près de mourir, avait fait un testament; ce testament, il l'avait confié à Saurin.

Saurin était parti. Une heure après, il était mort.

Quand on avait dépouillé le cadavre de ses vêtements, on n'avait plus retrouvé le testament.

Qui donc avait tué Saurin, sinon des gens intéressés à faire disparaître cette pièce ?

Or, Rossignol n'était pas l'ami des héritiers probables du commandant Richaud.

Il l'était si peu, que c'était la Martine qui l'avait expulsé autrefois de la Renardière.

Cette déposition fit sur l'auditoire une grande impression.

Tandis que tout accusait Rossignol, un homme simple et droit venait et disait :

— Si Rossignol était coupable, on eût retrouvé le testament.

Le défenseur prit la parole après le curé.

Il déploya un talent fougueux, il fut éloquent et sympathique, il dépeignit avec une ampleur de style, une finesse de détails, admirables, la vie tourmentée de ce vieillard placé entre ces affections illicites qu'il s'était créées dans le désœuvrement de sa vieillesse, et cette autre affection, sa nièce, la fille d'une sœur longtemps et amèrement pleurée et qui avait emporté dans la tombe sa parole d'honnête homme...

Il mit en relief, avec la hardiesse et l'allure

magistrale d'un habile metteur en scène, cette métamorphose subite de la Martine, furie et bacchante une heure plus tôt, agenouillée, repentante et chrétienne, tout à coup...

Aucun fait insignifiant en apparence ne lui échappa.

Aucun détail ne fut négligé par lui.

Cette fanfare lointaine, cet hallali retentissant en forêt, à une heure insolite, n'était-ce point un signal?

Saurin était mort, on l'apprenait ainsi à ceux qui avaient intérêt à le savoir.

Il était dix heures du soir quand le président des assises fit son résumé et déclara que les débats étaient clos.

Dans la salle, on commençait à admettre la possibilité de l'innocence de Rossignol.

Mais au dehors l'opinion publique n'avait point varié.

Au dehors, Rossignol était coupable.

Et puis, un argument, puisé dans la déposition même du curé Duval, se retournait contre l'accusé.

Le commandant Richaud avait, disait-on, fait un second testament par lequel il laissait à sa nièce la moitié de sa fortune.

Mais alors, si cela était vrai, pourquoi

n'avait-il pas détruit ou fait détruire le premier testament, qui instituait le petit Auguste son légataire universel?

Or, ce testament, que l'on avait cru depuis longtemps en la possession de la Martine, on l'avait retrouvé dans le secrétaire du commandant après la levée des scellés.

Et, en l'absence de tout autre, ce testament était valable.

Pour tous ceux qui n'avaient point entendu le curé Duval, qui ne s'étaient point sentis remués par l'autorité de sa parole, c'était, comme disent les paysans, *un coup monté* en faveur de la petite.

Depuis que la Martine était riche, elle avait autant de courtisans et de flatteurs qu'elle avait eu d'ennemis autrefois.

Ces flatteurs et ces courtisans firent le reste.

La foule, un moment ébranlée dans ses convictions, revint à son idée première :

Rossignol était coupable!

Mais il est en France une grande et noble institution entre toutes.

C'est le jury.

Le jury entra dans la salle des délibérations et il en revint avec un verdict négatif.

Une fois de plus, le jury français donnait au

monde ce grand exemple, qu'il vaut mieux s'exposer, faute de preuves, à épargner un coupable qu'à frapper un innocent.

Rossignol était acquitté.

. . . .

Le lendemain on put voir une jeune fille vêtue de noir, s'appuyant au bras d'un vieux prêtre, traverser cette foule encore frémissante des émotions de la veille et toujours convaincue de la culpabilité de celui qu'avait absous la justice.

Ils passèrent tous deux sur la place du Martroi, descendirent la rue Royale et entrèrent dans une ruelle à l'extrémité de laquelle est une maison d'éducation religieuse.

Le prêtre de campagne reconduisait à sa pension la pauvre sous-maîtresse déshéritée, et, quand la porte se fut ouverte devant elle, il lui montra le ciel en lui disant :

— Espérez et priez, mon enfant. Dieu est juste, comme il est bon, et sa justice, qui quelquefois se fait attendre, n'en est pas moins inexorable.

La porte se referma sur la déshéritée, et le vieillard s'en revint sur la place du Martroi, pour monter dans l'humble diligence qui devait passer trois heures après devant son presbytère.

Et, pendant ce temps, l'opinion publique en délire répétait :

— Le vieux cafard, il va peut-être maintenant vouloir faire casser le testament!

CHAPITRE XIII

Un an environ après l'acquittement de Rossignol dit l'Ecureuil, la voiture publique de Gien, partie d'Orléans à sept heures du matin, gravissait vers six heures la côte de *Bel-Air*, qui se trouve à une lieue en deçà de Saint-Florentin.

Depuis que les chemins de fer ont tué les diligences, on ne voit plus, dans le centre de la France surtout, que de petites pataches à un ou deux chevaux, avec un cabriolet par devant, dans lequel le conducteur est assis avec les voyageurs, lequel cabriolet, la plupart du temps, n'est séparé de l'intérieur de la voiture que par un rideau de cuir.

Elles ont disparu depuis longtemps déjà les bruyantes malles-postes attelées de cinq chevaux percherons, qui hennissaient au départ et arrachaient aux pavés des rues qu'ils parcouraient des myriades d'étincelles.

Disparues aussi les belles diligences Laffitte et Caillard, qui entraient le soir dans les villes, en sonnant du cornet à piston.

Reste la patache.

Une pauvre voiture, qui va cahin-caha, au petit train de deux lieues à l'heure, prend des voyageurs sur la route, donne parfois l'hospitalité au facteur rural fatigué de sa tournée, et fait les commissions du boucher et du boulanger, tout en soumissionnant à prix réduit le transport des dépêches.

Le conducteur est ordinairement propriétaire de la voiture et des chevaux.

Il relaye dans une ferme, au bord de la route, que son fils aîné a prise à bail.

Lui-même, il est ordinairement membre du conseil municipal de son village.

C'est un gros bonnet, comme on dit.

Le propriétaire-conducteur-postillon de la voiture d'Orléans qui passait à Saint-Florentin se nommait le père Boulart.

C'était un bonhomme encore vert, que les

chemins de fer, dont il se plaignait beaucoup, avaient enrichi, puisque, au temps des messageries, il était simple postillon et qu'à présent il avait un service et un outillage à lui.

Le père Boulart était un gai compagnon et un bel esprit.

Il faisait claquer sa langue et sa bonne humeur aussi bien que son fouet, et il avait pour coutume de distraire ses voyageurs par une foule d'anecdotes.

Il était au courant de tout, de la politique et de l'agriculture ; il vous prédisait un mois d'avance que l'élection, au conseil général, de monsieur un tel serait battue par celle de tel autre personnage influent.

Il blâmait le dernier mandement de l'évêque, approuvait la circulaire du préfet, disait que la ferme qu'on venait de vendre avait été cédée pour un morceau de pain, et que le général Trois-Etoiles, qui avait son château sur la hauteur, ferait bien mieux de planter du sapin que de vouloir cultiver de la vigne dans un terrain qui était tout sable.

Il savait l'histoire et la petite chronique de chaque clocher, le nombre des maris qui faisaient mauvais ménage, et celui des filles qui coiffaient sainte Catherine.

Quand il se commettait un crime ou un délit, le père Boulart vous disait en allongeant un coup de fouet à ses deux biques : Je sais qui a fait le coup!

La cour d'assises n'avait pas de mystères pour lui.

Il critiquait vertement les moyens oratoires du défenseur et distribuait quelquefois l'éloge au ministère public.

A Pont-aux-Moines, dont il était le plus éloquent conseiller municipal, le père Boulart avait tenu tête au maire dans une certaine circonstance qu'il rappelait volontiers.

Bonhomme au demeurant, très-honnête, assez complaisant, et entretenant, durant la route, la conversation et la bonne humeur parmi les voyageurs.

Ce jour-là, le cabriolet de la patache contenait quatre personnes : le père Boulart; Isidore Challamel, premier clerc de notaire de maître Quirambault, notaire à Orléans; M. Samsonnet, riche marchand de vins de Saint-Denis-de-l'Hôtel, et le père Boutteville, qui était monté en voiture en compagnie du clerc de notaire. Ce dernier allait vendre une propriété assez considérable qu'il possédait dans le vignoble, à la porte même de Saint-Florentin.

M. Isidore Challamel apportait dans sa serviette de chagrin noir l'acte de vente tout dressé.

L'intérieur de la patache ne renfermait qu'un voyageur, ou plutôt qu'une voyageuse, une jeune fille vêtue de noir qui avait été accompagnée à la place du Martroi par deux religieuses et avait payé sa place jusqu'à Saint-Florentin.

Cette jeune fille, qui paraissait avoir vingt ans à peine, lisait dans un livre de piété depuis le départ et ne prêtait point l'oreille à la bruyante conversation engagée dans le cabriolet, bien que le rideau de cuir fût ouvert.

Cependant, à un moment donné, un nom ayant frappé son oreille, elle tressaillit et ne put s'empêcher de tourner la tête.

— Oui, disait le père Boulart, c'est comme j'ai l'honneur de vous le dire, malgré tous les cancans qu'on a fait sur cette histoire, le vrai coupable c'était Rossignol.

— On a prétendu pourtant... observa timidement M. Samsonnet.

— On a prétendu des bêtises. C'est le curé de Saint-Florentin qui a monté toute cette histoire. Tenez, moi qui vous parle, je suis allé un jour à la Renardière, il y a peut-être bien dix-huit mois. Le défunt commandant Richaud ne se cachait guère de son affection pour la Martine et pour son petit. C'était son enfant après tout. Il leur a laissé son bien, et il a bien fait. Chacun est maître de son argent et de sa terre.

— Et qu'est devenue la nièce? demanda M. Samsonnet.

— Je ne sais pas.

— Je le sais, moi, dit le père Boutteville. La Martine, comme on l'appelait alors, car maintenant on l'appelle Mme Richaud, vu que si le maire n'y a pas passé, c'est tout comme, la Martine a voulu la garder avec elle, et même elle lui a dit : Votre oncle ne vous a rien laissé, mais ça n'empêche pas, vous resterez avec nous et nous vivrons tous ensemble.

— Elle est restée à la Renardière, alors?

— Ah! bien oui!... le curé s'est encore mêlé de la chose. Ça se fourre partout, ces gens-là ; la petite a fait la fière, elle s'en est allée...

— Où ça?

— Je ne sais pas.

— On dit qu'elle était bien jolie, observa M. Isidore Challamel qui, bien qu'entre deux âges, un peu chauve, un peu bossu, et prenant du tabac à outrance, était amateur du beau sexe.

— Je ne sais pas, dit encore le père Boutteville, je ne l'ai jamais vue.

— Ni moi, dit Boulart le conducteur.

— Et la Martine, quelle femme est-ce?

— Un démon, dit le père Boulart.

— Des bêtises! reprit Boutteville, c'est une très-brave femme qui fait du bien à toute sa famille, à preuve qu'elle fait une pension à son père et qu'elle a pris son frère avec elle.

— Un assez mauvais sujet, celui-là, dit le père Boulart.

— Bah! bah! dit encore Boutteville; il était un peu indiscipliné, et braconnier avec ça; mais c'est pas un crime; est-ce que le gibier n'est pas à celui qui l'a tué...

— Hem! fit M. Samsonnet.

Le père Boulart se mit à rire.

— Ah! dit-il, monsieur Samsonnet, si vous écoutez le père Boutteville sur ce chapitre, il vous en dira bien d'autres. Il est l'ami des braconniers, depuis que M. de Villeperdue, son voisin, lui a fait faire un procès de chasse.

— Je n'aime pas les bourgeois, dit le fermier.

— Mais vous aimez bien la Martine, Mme Richaud, comme vous dites, farceur!

— C'est qu'elle n'est pas fière, celle-là!

— Il n'y a pas de quoi; du reste, dit encore

le conducteur avec sa grosse franchise, elle n'a pas eu une si belle conduite.

— Tous les bourgeois en font autant, grommela le père Boutteville avec humeur.

— Ils se marient, au moins...

Le fermier s'échauffait en défendant la Martine et son visage se colorait sous ses cheveux blancs, car il avait bien la soixantaine.

— Ça ne regarde personne après tout, dit-il.

— Farceur, va ! dit le père Boulart en riant, vous ne parleriez pas comme ça si vous n'alliez vendre votre clos à la Martine. Pas vrai, monsieur Challamel ?

Et Boulart se tourna vers le clerc de notaire.

Celui-ci se prit à sourire.

— En effet, dit-il, j'ai dans mon portefeuille l'acte de vente tout prêt, et je ne vais pas pour autre chose à Saint-Florentin.

— Ah ! fit M. Samsonnet, c'est à la Martine que vous avez vendu la ferme et le clos de Bellevue, père Boutteville ?

— Oui, monsieur.

— Un bon prix ?

— Un rien du tout, un morceau de pain, soixante-trois mille francs, contrat en main.

— Il y a de quoi déjeuner avec ce morceau de pain-là, dit le père Boulart. Gros farceur ! va...

Et il lui tapa sur le ventre, ajoutant :

— On voit que les écus de la Martine sont tout neufs; elle les jette par la fenêtre. Si j'avais les moyens, je ne donnerais pas quarante-mille francs de votre ferme de Bellevue.

— Qu'est-ce qu'il y a? trente-deux arpens, dont six en vignes et du mauvais chasselas encore.

— Et la maison de maître que je n'ai pas voulu démolir, quand j'ai acheté le tout de ce pauvre M. Tarnot, le juge de paix, qui s'est ruiné.

— Et une belle vue, c'est le cas de le dire, observa le clerc de notaire.

— La vue ne coûte rien, pas plus qu'elle ne rapporte, dit encore le père Boulart.

— Est-ce que cette femme va venir habiter Saint-Florentin? demanda M. Samsonnet.

— Non, c'est pas pour elle qu'elle achète Bellevue.

— Et pour qui donc?

— Pour M. Maurel, son père.

— Mais attendez donc d'avoir touché votre argent pour parler si gras que ça, père Boutteville, dit encore Boulart. *Monsieur Maurel!* nom d'une pipe! comme disait défunt mon père qui était gendarme... vous auriez pu dire le *Mulot*, personne ne l'a jamais appelé autrement.

Tandis que le père Boulart débinait quelque peu la Martine et que le père Boutteville la défendait, M. Isidore Challamel avait jeté un coup d'œil furtif, par le rideau entr'ouvert, dans l'intérieur de la voiture et remarqué la jeune voyageuse.

— Peste ! murmura-t-il en se penchant à l'oreille du conducteur, vous avez du sexe aujourd'hui.

— Elle est mafoi gentille ! dit le père Boulart.

— Où donc va-t-elle ?

— A Saint-Florentin.

— Bah ! chez qui donc ?

— Je ne sais pas ; mais ce serait la nouvelle maîtresse d'école qu'on attend depuis quelques jours, que ça ne m'étonnerait pas.

— C'est fâcheux que je sache lire, dit le clerc de notaire en riant, je lui aurais demandé des leçons.

— Ne riez donc pas comme ça, monsieur le notaire, répondit Boulart, ne voyez-vous pas qu'elle est en deuil ?

Cette observation d'un homme de bon sens arrêta sur les lèvres du clerc quelque plaisanterie grivoise ou tout au moins de mauvais goût.

Et la conversation s'engagea de plus belle sur la Martine, le Mulot, la ferme de Bellevue et le curé de Saint-Florentin.

La patache arrivait en haut de la côte du *Bel-Air*, et le coup d'œil était magique.

A gauche, les lointains bleuâtres de la forêt, à droite, la Loire coulant à pleins bords sous les rayons du soleil. Au delà de la Loire, les grands peupliers et les terres fertiles du Val; plus loin encore, les plateaux de la Sologne, mouchetés çà et là, à mi-côte, d'un petit château en briques rouges, ou d'une ferme blanche entourée de verts sapins.

Enfin, dans le fond, au bout de la route, à demi caché dans un pli de vallon, borné au sud par un vignoble, au nord par une ceinture de prés et de labours, le coquet village de Saint-Florentin dont les dernières maisons se miraient dans le fleuve.

Le père Boulart fit claquer son fouet, les deux rosses reprirent leur trot monotone, et une demi-heure après, la patache s'arrêta à la porte du *Chariot d'or* : c'était le nom de l'unique auberge de Saint-Florentin, et c'était là que le père Boulart relayait.

Un homme attendait avec impatience l'arrivée de la patache.

Cet homme n'était autre que M.˙ le curé Duval qui venait chercher la nouvelle institutrice de Saint-Florentin, et cette institutrice, — peut-être l'a-t-on deviné déjà, — était Mlle Mignonne Paumelle, la nièce de feu le commandant Richaud.

CHAPITRE XIV

Maître Quérambault, notaire à Orléans, avait rédigé l'acte de vente; son principal clerc, M. Isidore Challamel, l'avait fait signer; le père Boutteville avait touché son argent compté par la Martine en bons et beaux écus d'or, et M. Maurel, autrement dit le Mulot, avait pris possession du domaine de Bellevue.

Ce domaine de Bellevue, un peu dénigré par le père Boulart, et, selon lui, vendu un tiers en sus de sa valeur par le père Boutteville à l'héritière du commandant Richaud, était un composé de prés, de labourages et de vignes, à la porte de Saint-Florentin, à gauche de la route qui se dirigeait vers Lorris.

Ce n'était pas très-grand, une trentaine d'arpents, ni d'un rapport excessif ; le fermier avait de la peine à en faire onze cents francs.

Mais, comme avait dit le père Boutteville, il y avait une maison de maître, et, suivant l'expression de M. Challamel, le clerc de notaire, une fort belle vue.

M. Challamel n'exagérait rien.

Des fenêtres de l'habitation, on découvrait dix lieues carrées de pays, en amont et en aval de la Loire, et par les temps clairs, en été, le clocher de Souvigny, en Sologne, se détachait à l'horizon sur le gris cendré du ciel, comme une virgule renversée sur une page blanche.

Quant à la maison d'habitation, c'était un petit pavillon carré bâti jadis par un vieux garçon, M. Tarnot, le juge de paix.

La salle à manger avait un papier à paysage représentant les *Aventures d'Antinoüs*; le salon possédait un meuble en vieux velours d'Utrecht jaune.

Dans les deux chambres à coucher du premier étage, se trouvaient des pendules à colonnes et des vases de fleurs sous globes de verre.

Tout cela fané, éraillé, abîmé par l'humidité, mais superbe, en fin de compte, pour un village comme Saint-Florentin.

Le Mulot, qui était au mieux avec sa sœur, surtout depuis la mort du commandant Richaud, avait visité le château de Bellevue.

Dans l'Orléanais, portez trois chaises et une table dans une grange, — vous aurez tout de suite un château.

Donc, Bellevue était un château, et le Mulot en avait eu envie.

La Martine s'était un peu débattue, peut-être; mais, comme après tout elle était bonne pour sa famille, suivant l'expression du père Boutteville, elle avait acheté Bellevue.

Or, huit jours après la signature du contrat de vente, le Mulot s'y trouvait installé.

Ceux qui l'avaient connu en forêt eussent été bien étonnés de le voir.

Ce n'était plus le même homme.

Il était mis comme un monsieur et portait des souliers, lui qui jadis chaussait si rarement des sabots. Il avait même, ô surprise! demandé un permis de chasse.

Enfin, huit jours après son installation à Bellevue, *monsieur Maurel*, comme il entendait qu'on l'appelât désormais, fit son entrée dans le café de Saint-Florentin, un soir, après le dîner, et demanda bruyamment un verre de vin chaud.

Le paysan est né courtisan.

Depuis que la féodalité n'existe plus et qu'il ne peut plus saluer son seigneur, le paysan salue volontiers quiconque a de l'argent.

Quand la Martine était la simple ménagère du commandant Richaud, on en glosait tout à l'aise ; chacun avait sur elle son franc parler.

On ne se gênait pas pour dire que le Mulot était un mauvais garnement et qu'il était capable de tout.

Mais la Martine était devenue châtelaine et le Mulot propriétaire.

Le Mulot se vit donc entouré d'une espèce de cour.

On le salua, on le complimenta, on s'excusa de s'asseoir à sa table.

Il paya à boire à tout le monde.

On eût volontiers crié : Noël! longue vie à monseigneur!

On causa devant lui des affaires de la commune.

Il y avait deux partis à Saint-Florentin.

Le parti du maire et du curé, et le parti de M. Jouval.

Le maire, un brave homme, et le curé, que nous connaissons déjà, avaient toujours agi et marché de concert.

L'autorité civile et l'autorité religieuse se donnaient la main.

M. Jouval avait réuni dans son camp les esprits frondeurs, l'opposition, les libres penseurs, les dissidents, comme on disait à Saint-Florentin.

Qu'était-ce que M. Jouval?

Un gros propriétaire, marchand de biens, esprit taquin et quinteux, qui, rêvant depuis longtemps la mairie, avait échoué aux élections cantonales, et faisait parade de ne jamais aller à la messe.

Naturellement il haïssait le curé.

L'année précédente, il était parvenu à entrer dans le conseil et il y représentait l'élément d'opposition.

Quand le conseil avait demandé une maîtresse d'école au préfet, M. Jouval avait protesté.

Lorsque le conseil avait voté deux cents francs pour réparer la toiture du presbytère, dans lequel il pleuvait à plein temps, M. Jouval avait protesté.

Le cimetière avait été agrandi. M. Jouval protesta de plus belle,

Cet homme était une protestation vivante.

Il avait des partisans au *café de l'Univers;* ainsi se nommait le bouchon unique de Saint-Florentin où, chaque soir, se réunissaient les esprits libéraux.

Ceux-ci pensèrent qu'il serait peut-être utile de ranger le Mulot sous la bannière de M. Jouval.

Ils avaient pour cela une bonne raison toute trouvée. M. Jouval s'était opposé avec énergie au changement de la maîtresse d'école.

M. Jouval avait succombé.

Une nouvelle institutrice était venue d'Orléans, et cette nouvelle institutrice n'était autre, disait-on, que la nièce déshéritée de feu le commandant Richaud.

Ce devait être un argument irrésistible pour entraîner M. Maurel dans le camp de M. Jouval.

Mais les esprits libéraux de Saint-Florentin se trompaient.

Le Mulot, qui ne savait pas le premier mot de cette histoire et venait pour la première fois au bourg depuis l'acquisition du château de Bellevue, témoigna quelque émotion d'abord, en apprenant que la jeune fille spoliée était l'humble maîtresse d'école de Saint-Florentin.

Mais, le premier moment de surprise passé, il tint un langage qui bouleversa toutes les idées qu'on s'était faites à Saint-Florentin.

Il dit le plus grand bien du curé Duval et de la jeune fille, regretta sincèrement qu'elle n'eût pas voulu vivre avec sa sœur, et finit par dire que si Mlle Paumelle était moins fière, il se trouverait très-honoré, lui le Mulot, de lui offrir sa main.

Un silence plein de stupeur accueillit cette déclaration, et les partisans de M. Jouval en urent pour leurs frais.

Néanmoins, comme dans une réunion de cabaret on ne saurait s'abstenir de tomber sur un absent, on crut devoir immoler à la vanité toute neuve du propriétaire tout neuf, du Mulot, son voisin de terre, M. Anatole de Misseny. M. Anatole, car on ne l'appelait guère autrement à Saint-Florentin, était le dernier rejeton d'une vieille famille noble du pays.

Il était jeune, beau garçon, un peu fier sans être hautain, pauvre et content de sa pauvreté.

Il avait un millier de francs de revenu, faisait valoir une petite ferme, unique débris de la fortune princière jadis possédée par sa famille, se montrait d'une politesse exquise avec tout le monde, vivait en compagnie d'une vieille tante, ancienne religieuse, ne venait que rarement dans le bourg et jouissait d'une excellente réputation, même parmi les esprits libéraux qui, de parti pris, exécraient la noblesse, qu'elle fût riche ou pauvre.

Le bon curé Duval en faisait grand cas; mais comme M. Anatole ne voyait personne, il ne faisait pas de visites au curé plus d'une fois par an, à la fin de décembre ou au commencement de janvier.

Comme M. Anatole ne faisait de mal à personne, et dans la faible mesure de ses ressources faisait même beaucoup de bien; comme on avait continué, en souvenir de sa famille, à appeler le *château* sa pauvre et vieille demeure, dont une tour restait debout au bord de la Loire, M. Anatole avait pour ennemis tous les esprits libéraux de Saint-Florentin, et à leur tête l'opulent M. Jouval, qui possédait douze ou quinze cents arpents de terre ou de bois.

On tomba donc sur M. Anatole.

Cette conversation parut du goût de M. Maurel.

Il eut des demi-sourires, des hochements de tête, des petits airs protecteurs.

Quand il sortit du café, l'estomac et le cerveau suffisamment échauffés par le vin sucré, le rhum, la bière et la crème de menthe, il haïssait M. Anatole de tout son cœur.

M. Anatole était son voisin.

La dernière terre du château touchait au clos de vigne de Bellevue et n'en était séparée que par un fossé.

Le Mulot, qui n'avait pas encore fait attention jusque-là à cette masure féodale dont les murs étaient couverts de lierre, s'avisa, en y songeant, que ce voisinage lui était très-désagréable.

Puis il eut une idée.

— Si je l'achetais? se dit-il.

Et à partir de ce moment, cette idée fut chez lui une idée fixe.

Le Mulot était donc bien riche!

A dix heures du soir, à la campagne, tout le monde est couché, et le couvre-feu, qu'on ne sonne plus depuis des siècles, est demeuré en usage.

Saint-Florentin n'avait pas de réverbères, les maisons étaient noires, sans lumière, et, en s'en allant, moitié titubant, moitié fredonnant un air de chasse, le Mulot, qui faisait de temps à autre un faux pas, aperçut sur sa gauche une lumière qui passait à travers les contrevents du rez-de-chaussée d'une maison.

Il reconnut la maison d'école des filles.

Machinalement il s'approcha.

Les contrevents étaient entr'ouverts.

Le Mulot glissa un regard à l'intérieur, à travers les vitres fermées.

Une jeune fille était assise devant une table qui supportait une petite lampe et se livrait à un travail de couture.

Le Mulot reconnut Mlle Mignonne.

Il y avait cependant longtemps qu'il n'avait vu la jeune fille, trois ou quatre ans peut-être.

A l'époque du mystérieux assassinat de Saurin et de la mort du commandant, il n'était point venu à la Renardière, tout le temps que la jeune fille s'y était trouvée.

Sans doute, l'esprit du Mulot, jadis absorbé par une passion unique, le braconnage, s'était ouvert avec la fortune.

Il se prit à contempler la pauvre fille et la trouva belle, si belle, que la Chevrette, cette fille des bois, son unique amour jusque-là, lui parut horrible par comparaison.

La fortune a le privilége de développer instantanément certaines intelligences.

Que se passa-t-il dans l'esprit et dans le cœur

du Mulot, qui regardait à la dérobée Mˡˡᵉ Mignonne travaillant et se croyant seule?

Mystère!

Mais il s'éloigna en murmurant ces singuliers mots :

— Après tout... pourquoi pas?

Le misérable avait souillé de son regard le front pur de l'ange, et le voleur d'héritage avait un moment songé à offrir sa main à la pauvre déshéritée!

CHAPITRE XV

Le Mulot rentra chez lui en proie à mille pensées confuses. Quand un paysan se met en tête de vivre comme un bourgeois, sa première idée est de prendre ce qu'on appelle une gouvernante.

La Martine, qui n'avait pas été fâchée de se débarrasser de son frère, même au prix d'un sacrifice, lui avait donné une servante sur laquelle elle comptait comme sur elle-même. C'était une femme entre deux âges, louche, bossue et boiteuse, laquelle avait longtemps servi à la Renardière et s'était avisée autrefois, du vivant du commandant, d'appeler la Martine « madame. »

Elle répondait au nom pompeux de Dorothée.

Dans les campagnes, plus un nom est baroque, et plus on le recherche.

Dorothée avait eu pour parrain un vieux magister de Seurry-aux-Bois qui lui avait donné ce prénom bizarre.

Donc Dorothée était venue s'installer à Bellevue avec son nouveau maître, avec la mission ostensible de le servir, lui raccommoder son linge, et la mission secrète de le surveiller et de tenir la Martine au courant de ses faits et gestes.

Quand il était sorti, le Mulot lui avait dit, ce soir-là :

— Tu peux te coucher. Je vas faire un tour au café. Je rentrerai tard.

Au lieu de suivre le chemin qui menait à la grille de bois du *château*, le Mulot, obéissant à ses anciennes habitudes, sauta par-dessus la haie du clos pour abréger le chemin.

Mais il fut quelque peu étonné au bout d'une trentaine de pas dans le clos, de voir de la lumière au rez-de-chaussée.

Il entendit même des voix confuses.

Le sentiment de la propriété, sentiment tout nouveau pour lui, s'éveilla chez le Mulot avec une certaine fougue.

— Il paraît que la Dorothée reçoit, murmura-t-il. Je n'entends pas ça, et je vas la secouer joliment.

Sur ces mots il hâta le pas.

La Dorothée recevait en effet, mais elle recevait des hôtes qui ne lui plaisaient guère, comme on va le voir.

Une heure environ après le départ de son nouveau maître, Dorothée ayant achevé de serrer la nappe, les assiettes et le reste de la vaisselle, ayant donné un coup de balai à sa cuisine et couvert le feu de cendres, s'apprêtait à monter dans sa chambre, lorsqu'un bruit parvint à son oreille. Ce bruit, qui partait du fond de l'enclos, était une sorte de bêlement.

Dorothée, qui était une fille des bois, ne se trompa point à ce cri; seulement elle fit cette réflexion fort juste :

— Nous sommes en hiver, et la forêt n'est pas précisément à deux pas.

Le bêlement recommença.

Cette fois il paraissait se rapprocher.

Intriguée, Dorothée ouvrit la porte en grommelant.

La nuit était sombre et sans lune.

Cependant, ayant franchi le seuil de la

porte, Dorothée crut voir une forme noire qui bondissait plutôt qu'elle ne marchait dans le fond de l'enclos.

La forme noire continua son bêlement et ses bonds et arriva tout près de Dorothée.

Celle-ci s'aperçut alors qu'elle n'avait point affaire à un animal, mais bien à une créature humaine.

Et elle recula un peu effrayée jusqu'au milieu de la cuisine.

La forme noire entra en sautillant.

C'était une femme.

Une grande fille à demi nue, n'ayant pour tout vêtement qu'une sorte de chemise de toile bleue serrée à la taille par un bout de corde, et dont les cheveux noirs et touffus pendaient en boucles désordonnées sur ses épaules.

Dorothée reconnut cette créature à demi sauvage, moitié bête et moitié femme, que les gardes de la forêt avaient surnommée la Chevrette.

— Qu'est-ce que tu veux, bohémienne? lui dit-elle

— Je viens voir le Mulot, répondit-elle.

Et elle ferma la porte.

Puis, regardant autour d'elle et ne voyant pas le Mulot :

— Où est-il donc?

— M. Maurel n'y est pas, dit Dorothée d'un air suffisant et majestueux.

— Oh! cette farce! M. Maurel! dit la Chevrette en ricanant. Est-ce que tu as mal aux dents, vieille fouine?

La Dorothée se fâcha tout rouge de cette épithète.

— M. Maurel n'a que faire d'une drôlesse comme vous, dit-elle.

— T'as mal aux dents, pour sûr! répondit insolemment la Chevrette. Je le dirai à mon homme... Mais où est-il?

— Il n'y est pas.

— C'est bon, je l'attendrai. Donne-moi à manger...

— Il n'y a rien ici, dit Dorothée.

— Tu mens.

Et la Chevrette courut au bahut, l'ouvrit et y prit un reste de viande, du vin et du pain, et posa le tout sur la table.

Dorothée s'élança furieuse et voulut lui arracher le plat de viande des mains.

Mais la Chevrette était robuste autant qu'agile.

En un tour de main elle eut saisi Dorothée à la gorge, la renversa sur le plancher et se mit à la piétiner en disant :

— Vieille gueuse! quand mon homme viendra, je te ferai flanquer à la porte.

Dorothée se releva toute contusionnée et voulut appeler au secours.

Mais la Chevrette lui dit en sautant sur le fusil du Mulot accroché au manteau de la cheminée :

— Si tu sors et si tu cries, je t'envoie deux charges de plomb dans ta vieille carcasse.

Dorothée eut peur et se tint tranquille.

La Chevrette, qui mourait de faim et de soif, but et mangea copieusement, se tenant debout, en femme qui ignore l'usage des siéges.

Puis elle vint s'accroupir devant le feu, qu'elle découvrit et sur lequel elle jeta une brassée de bois mort.

Dorothée enrageait, mais elle n'osait plus rien dire.

Les ongles de la Chevrette avaient pénétré dans les chairs de son cou et l'avaient labouré.

Cependant, au bout d'une heure, comme la Chevrette ne faisait point attention à elle et paraissait tout entière à cette volupté des chiens de chasse fatigués qui se délassent devant un grand feu, elle se hasarda à lui adresser la parole de nouveau.

— Dites donc, fit-elle, si vous attendez M. Maurel, vous l'attendrez longtemps.

— Ah ! fit la Chevrette.

— Il n'est pas ici.

— Et où est-il donc ?

— En voyage.

— Je l'attendrai tout de même.

— Mais il faut que je ferme la porte.

— Eh bien ! je coucherai ici.

— Je n'ai pas de lit à vous donner.

— Je n'ai pas besoin de lit, je ne sais pas ce que c'est, je suis très-bien là.

Et la Chevrette s'allongea sur la plaque du foyer.

Mais Dorothée ne voulait pas de ça.

— Qu'est-ce que vous lui voulez donc à M. Maurel? demanda-t-elle.

— Ça ne te regarde pas, vieille taupe !

Le caractère grincheux de Dorothée reprit le dessus.

— Si vous ne vous en allez pas, dit-elle, je vais aller chercher le métayer qui vous fera sortir.

— Vas-y donc et je te crève! dit la Chevrette qui se releva l'œil en feu et les narines gonflées de colère.

C'étaient ces dernières paroles qui étaient

parvenues confusément à l'oreille du nouveau bourgeois de Saint-Florentin qui traversait son clos pour abréger la route.

Il entra en disant :

— Qu'est-ce que tout ce vacarme?

Mais il s'arrêta muet d'étonnement et fronça même le sourcil en reconnaissant la Chevrette.

La Chevrette prenait mal son temps pour venir visiter son ancien amoureux.

Depuis une heure, le Mulot, devenu M. Maurel, avait bien d'autres choses en tête.

Cela n'empêcha pas la fille sauvage de jeter un grand éclat de rire en le regardant.

Le Mulot n'était plus le Mulot.

Ce n'était plus ce vagabond déguenillé, marchant pieds nus, les cheveux au vent, ayant pour tous vêtements une blouse de toile et un pantalon effrangé par le bas, noir, hideux, charbonné.

Le Mulot était devenu un monsieur.

Il avait des bottes, une redingote, un gilet à carreaux rouges et un chapeau noir.

—V'là que t'es attifé comme le magister d'Ingranne! s'écria la Chevrette en pouffant de rire.

Le Mulot eut grande envie de se fâcher.

Mais la Chevrette lui sauta au cou et continua :

— T'es laid comme ça que c'est à tirer sur toi, mon pauvre homme!

Dorothée était scandalisée, et elle regardait son maître d'un air piteux.

Mais M. Maurel paraissait lui-même si déconfit que Dorothée comprit qu'elle n'avait aucun secours à espérer de lui.

Elle prit donc le prudent parti de s'esquiver et de gagner l'escalier qui conduisait à sa chambre.

Seulement, avant de franchir le seuil de la cuisine, elle se retourna et dit :

— Monsieur Maurel, avant de vous coucher, vous fermerez bien toutes les portes, n'est-ce pas?

— Oui, répondit le Mulot d'un ton bourru.

Et quand Dorothée fut partie, il regarda la Chevrette et lui dit :

— Qu'est-ce que tu es venue faire, petite?

— Pardi! je suis venue te voir....

— Il ne faut pas venir me voir, dit le Mulot.

— Pourquoi donc ça?

— Ça ferait jaser...

— Hein? t'as donc mal aux dents, toi aussi?

Et la Chevrette eut un regard insolent et dominateur sous lequel le Mulot baissa les yeux.

— Je viens parce que ça me plaît, dit-elle.

— Mais... nous ne sommes pas en forêt..

— Tu es mon homme!

— Et si les gens du bourg te savaient ici...

— Je m'en fiche!

— Si tu as besoin de quelque chose, dis-le. Veux-tu de l'argent? je vas t'en donner...

— Je ne veux rien... je veux rester ici... ça me plaît...

Le Mulot eut un accès de colère.

— Et si je ne veux pas, moi!

— Bah! fit la Chevrette, il faudra bien que tu le veuilles...

Il serra les poings avec fureur.

— Mauvais cœur, dit la Chevrette, je te croyais plus brave que ça.... tu n'as donc plus besoin de moi, maintenant?...

Le Mulot tressaillit.

— Tu veux peut-être épouser quelque fille de fermier, qui sait? reprit-elle avec une colère subite.

Le Mulot ne répondit pas.

— Et si je ne le veux pas! dit-elle à son tour.... tu es mon homme, vois-tu! nous nous tenons.... et tu le sais bien....

— Tais-toi! dit vivement le Mulot.

— Je ne veux pas, moi! je ne suis qu'une pauvresse qui ne sait où coucher, continua-t-elle, et te voilà un beau monsieur.... mais ça ne fait rien.... si je voulais dire un mot....

— Mais tais-toi donc! répéta le Mulot avec un accent de terreur subite.

— Est-ce que je ne t'ai pas donné un fier coup de main, moi?... continua-t-elle.

Le Mulot comprit que, s'il n'apaisait sur-e-champ la Chevrette, elle allait parler si haut que les éclats de sa voix arriveraient jusqu'à la chambre de Dorothée.

— Mais tais-toi donc! dit-il pour la troisième fois, et si tu veux rester, reste!

Et il lui passa les deux bras autour du cou et l'embrassa. Soudain, la fureur de la Chevrette s'évanouit; elle se renversa sur le bras de son amant, et deux larmes roulèrent le long de ses joues hâlées.

— Tu m'aimes donc encore? dit-elle.

La fille sauvage, l'être à demi bestial élevé au milieu des bois, avait donc un cœur?

Et ce cœur avait parlé...

La Chevrette ne s'en alla point, et Dorothée la retrouva le lendemain à la cuisine, faisant son repas matinal, tête à tête avec le Mulot, peu satisfait sans doute d'une pareille compagnie, mais n'osant pas secouer le joug.

CHAPITRE XVI

Saint-Florentin est un joli village situé au bord de la Loire un peu au-dessus d'Orléans.

Il a près de trois cents feux.

C'est ce que, dans le pays environnant, on appelle volontiers un bourg.

L'église est sur le coteau ; une partie du village descend et s'étage en amphithéâtre au bord de la Loire.

En bas, passe le chemin de halage de la navigation.

En haut commence le pays agricole, la plaine, comme on dit. C'est déjà un peu la contrée sableuse de la Sologne, bien que la Loire coule entre les deux *climats*.

Le sapin y vient bien, la vigne y trouve une terre friable et caillouteuse.

Deux étangs bordés de hêtres et de bouleaux avoisinent les dernières maisons.

Il faut faire une lieue vers le nord-est pour trouver la forêt. Là seulement commence le sol argileux et gras qui se continue jusqu'aux terres de Beauce, en passant par le Gâtinais.

Saint-Florentin est de très-vieille origine.

Il s'y trouve un reste de château moyen âge, une église romane, deux ou trois maisons dont le porche cintré supporte des armoiries bourgeoises.

Les vieilles maisons bourgeoises ont perdu depuis longtemps leurs anciens maîtres; des paysans les ont achetées.

La bourgeoisie n'existe plus à Saint-Florentin.

Le dernier habitant qui portât fièrement le titre de bourgeois, de par ses aïeux, échevins au commencement du dernier siècle, s'en est allé vivre à Orléans, dans la rue de la Bretonnerie, et a timbré ses armoiries, ce qui est une usurpation.

En revanche, le vieux château a conservé ses maîtres primitifs.

M. Anatole de Misseny était le dernier héritier des anciens seigneurs de Saint-Florentin, une race antique, patriarcale et simple, qui avait donné, aux siècles passés, des officiers, des magistrats et un président à mortier; mi-partie de robe et d'épée, cette famille était orléanaise depuis les temps les plus reculés.

Elle avait les travers et les qualités du pays.

Avare pour elle-même, charitable pour les autres, ni trop fière, ni trop humble, la famille de Misseny avait été riche pendant bien longtemps.

La perte d'un procès en 1760 et la Révolution de 1789 avaient amené sa ruine.

Le dernier rejeton, celui dont on s'était occupé la veille au café de l'Univers, pour plaire à M. Maurel, le nouveau bourgeois, M. Anatole, n'avait pas quinze cents livres de rente, et il vivait avec une vieille tante, autrefois religieuse, son unique parente désormais.

Le château, il avait encore une tour, était un de ces petits castels en briques rouges, assez communs sur le bord de la Loire et dans le pays solognot.

Le marinier qui descendait la Loire au fil de l'eau, le soir, au soleil couchant, voyait l'antique demeure isolée sur le coteau, reflétant dans ses croisées ogivales les feux du crépuscule et ayant encore fière mine et grand air.

Au loin du val et des plateaux de la Sologne, on apercevait cette tour pointue qui dominait tout le pays environnant.

Pour qui passait loin de Saint-Florentin, c'était toujours un château.

Mais quand on y pénétrait, les choses changeaient d'aspect.

La cour était devenue une cour de ferme, avec une mare croupissante au milieu, sur laquelle s'ébattaient des canards.

Dans un coin, des poules grattaient un tas de fumier.

Ce que jadis on appelait la grand'salle avait été converti en une remise, sous laquelle on voyait une charrette, un tombereau et des charrues.

Le château était devenu une ferme.

Au premier étage seulement, on retrouvait quelques débris de la splendeur passée.

Un salon en vieux bois, avec des tentures de lampas fanées et une demi-douzaine de portraits enfumés, représentant des conseillers fourrés d'hermine, des mousquetaires au pourpoint rouge et des abbés mitrés aux soutanes violettes.

C'étaient les Misseny du temps passé.

M. Anatole, qui faisait valoir lui-même son petit bien, était un homme de vingt-six ans, assez grand, mince, portant une belle barbe châtain un peu longue, qui encadrait à ravir une jolie figure distinguée et douce, éclairée par des yeux bleus un peu tristes.

Il avait été élevé au petit séminaire de la Chapelle, près Orléans; puis il avait terminé ses études au lycée. Il n'avait pas vingt ans lorsqu'il revint à Saint-Florentin recueillir le dernier soupir de sa mère.

Depuis lors, il ne quitta plus le pays et se fit bravement agriculteur.

Sa vieille tante était infirme; ses jambes, depuis longtemps, l'avaient abandonnée.

Mais elle avait conservé toute sa présence d'esprit et une fraîcheur de mémoire assez rare chez les vieillards.

Sœur aînée du père de M. Anatole, fière de sa race, elle soupirait parfois au souvenir des splendeurs évanouies, et, malgré toute sa résignation chrétienne, elle s'indignait souvent de voir le dernier des siens réduit à une sorte d'indigence.

Mais l'espoir lui revenait bien vite.

La pauvre fille dont la jeunesse s'était écoulée derrière les grilles d'un cloître et dont la vieillesse s'achevait au milieu des champs, ne savait rien du monde actuel.

Elle croyait toujours que la noblesse retrouverait tôt ou tard son prestige, son importance et ses droits.

— Bah! disait-elle quelquefois, j'ai bien tort de me tourmenter pour toi, mon enfant. N'es-tu pas un Misseny? Quelque belle héritière s'éprendra un jour ou l'autre de ton joli museau, de tes grands airs, mon gentilhomme, et elle t'apportera son cœur et dans sa main cent belles mille livres de rente en bonnes terres. Pourvu que Dieu me permette de vivre jusque-là, après je mourrai tranquille.

Anatole souriait et ne répondait pas.

Ce jeune homme avait un grand fond de philosophie et de résignation.

Il était content de son sort, si modeste qu'il fût.

Un grand seigneur du voisinage qui portait un des plus beaux noms historiques de France et possédait une immense fortune, s'était rendu adjudicataire du droit de chasse en forêt pour tout le lot de Saint-Florentin.

Très-jaloux de son droit, il avait cependant autorisé Anatole de Misseny à chasser dans son lot, à la condition toutefois qu'il respecterait les cerfs et les sangliers.

M. Anatole était chasseur et très-bon tireur.

Quand venait l'automne, suivi de deux petits bassets, il usait de la permission octroyée par le grand seigneur.

Au pauvre manoir de Saint-Florentin, il y avait souvent un chevreuil et une demi-douzaine de faisans au crochet.

A l'époque des travaux des champs, le gentilhomme fermier ne quittait pas ses ouvriers et ses laboureurs.

Les travaux terminés, les récoltes engrangées, il partait dès le matin, tout seul, son fusil sous le bras, avec un peu de pain et de fromage dans sa carnassière, et on ne le revoyait qu'à l'heure du dîner.

Comme il avait peu de terres et point de bois, les petits chasseurs n'étaient point jaloux de lui et les braconniers le saluaient.

Il les connaissait à peu près tous, et plus d'une fois on lui avait, comme on dit, donné un coup de main pour tuer un chevreuil qui prenait un trop grand parti.

Or, le lendemain de ce jour où les partisans de M. Jouval s'étaient donné, au café de l'Univers, le plaisir de déchirer à belles dents le jeune châtelain, M. Anatole de Misseny était encore en forêt à la nuit tombante.

Ses deux bassets, deux chiens intrépides du reste, avaient attaqué une harde de chevreuils dans un cantonnement assez éloigné.

La harde se composait de la chevrette et de ses deux faons.

D'abord, la pauvre mère, qui ne voulait pas quitter ses petits, s'était fait tourner comme un lapin, dans un vaste fourré d'épines, et longtemps le chasseur avait cru avoir affaire à un renard.

Mais enfin elle avait pris le parti de débucher, de sauter une ligne avec la rapidité de l'éclair et de gagner une vaste futaie.

Le basset est le plus lent de tous les chiens, mais il en est le plus tenace.

Toujours collé à la voie, il est rarement en défaut, et si l'animal chassé prend un grand parti, il le suit avec obstination.

M. Anatole suivit ses chiens.

Un bûcheux qui le vit passer lui dit :

— Vous n'êtes pas près de tirer la chevrette, monsieur; elle va s'en aller vers la Cour-Dieu, remontera du côté de Courcy, descendra aux Huit-Routes, et il pourrait bien être dix heures du soir lorsqu'elle reviendra autour de par ici.

— Je la suivrai, répondit-il avec résolution.

— Ça, je le pense bien, dit le bûcheux ; mais vous pourriez bien avoir de l'eau.

Et il montra le ciel dans lequel couraient, chassés par le vent, de grands nuages noirs.

M. Anatole continua à suivre la chasse.

Deux ou trois fois, elle parut revenir, comme on dit, c'est-à-dire que la chevrette rebroussa chemin ; puis les chiens, ne quittant pas la voie, elle détala de nouveau.

Au bout de deux heures, l'animal avait accompli la grande randonnée prédite par le bûcheux, et il revenait au lancer.

M. Anatole s'était mis sous bois, dans un faux chemin, et il attendait...

Enfin, le chevreuil parut.

La pauvre bête, exténuée, allait au petit trot, s'arrêtant parfois pour écouter.

Le chasseur épaula et fit feu.

La bête disparut, et il fut impossible à M. Anatole de lui envoyer son second coup de fusil.

Cette maladresse était rare chez lui, pourtant ; il était bon tireur, mais la Providence avait eu pitié sans doute de la nourrice et de ses deux faons.

Et, comme il était presque nuit, il rompit ses chiens.

La pluie commençait à tomber par larges gouttes.

A cent mètres, au bord d'une clairière, on voyait le toit d'une ferme.

C'était la Grenouillère, la maison de la veuve chez laquelle, au début de ce récit, nous avons vu le curé Duval rencontrer le malheureux Saurin.

M. Anatole s'y réfugia.

La Métivière n'avait plus les fièvres; elle avait repris ses travaux, et grâce peut-être aux consolations du bon curé, le courage était revenu à la veuve.

Elle fit bon accueil à M. Anatole.

Le jeune homme s'assit, ses chiens entre les jambes, devant un grand feu qu'on lui alluma.

— Ce n'est qu'une averse, dit la Métivière en allant sur le pas de la porte. Dans une heure le temps sera tout clair.

Et puis, ajouta-t-elle, si le temps ne s'arrange pas, vous êtes à l'abri ici, et vous mangerez une assiettée de soupe avec nous.

Le jeune homme remercia d'un sourire.

Le domestique mâle battait de l'avoine dans

la grange, la Tordue, cette petite servante au regard louche, était encore aux champs.

M. Anatole était donc seul avec la Métivière et ses enfants, lorsque tout à coup on frappa à la porte.

Puis la porte s'ouvrit aussitôt, et un homme entra en disant :

— Rose, vous avez toujours été bonne, vous, et vous ne me refuserez pas un morceau de pain. Voici deux jours que je n'ai pas mangé.

— Non certainement, mon garçon, répondit la veuve, je ne te refuserai ni du pain, ni de la soupe, et si tu ne sais pas où coucher, tu resteras ici...

— Vous êtes bonne comme le bon Dieu, dit cet homme qui devint tout tremblant en voyant M. Anatole assis devant le feu.

— Il faut bien que les malheureux s'entr'aident, dit la veuve.

— Vous n'avez donc pas horreur de moi, vous aussi? fit le nouveau venu.

— Non, mon garçon, dit la veuve, parce qu'il y a un homme du bon Dieu, un saint qui a dit que tu n'étais pas coupable du crime qu'on te reproche, et je crois plutôt le bon M. le curé Duval qui t'innocente que tous ceux qui t'acusent.

L'homme qui venait d'entrer en demandant la charité n'était autre que Rossignol dit l'Ecureuil, le prétendu meurtrier du garde-chasse Saurin et que la rumeur publique n'avait cessé d'accuser, en dépit du verdict négatif de la justice.

CHAPITRE XVII

—

Il y avait presque un an, jour pour jour, que la cour d'assises du Loiret avait acquitté Jean Rossignol dit l'Ecureuil.

Mais une condamnation n'eût peut-être pas été plus dure pour lui que cette année qui venait de s'écouler.

L'opinion publique s'était acharnée à le dire coupable avant son jugement; elle persista plus que jamais dans son idée, après l'acquittement.

Rossignol, nous l'avons dit, avait un ennemi, bien avant la mort de Saurin.

Cet ennemi était un rival en braconnage, un certain Ferdinand d'Ingranne, surnommé le Tueur de chiens.

Cet homme avait propagé la nouvelle de l'arrestation de Rossignol, dès le jour même.

Pendant les deux mois que dura la prévention, il fut un des meneurs les plus acharnés.

Sa haine croissait à mesure que le dénoûment approchait, et, qu'il fût convaincu ou non de la culpabilité de Rossignol, il était tellement persuadé qu'on le guillotinerait, qu'il fit une véritable maladie en apprenant son acquittement.

Rossignol n'avait pas d'argent, et son unique bien était cette maisonnette qu'il s'était construite lui-même.

Il était sorti du palais de justice au milieu des huées et des vociférations de la foule ; les gendarmes avaient été obligés de le protéger.

Il ne voulut pas coucher à Orléans, tant la population lui paraissait hostile.

S'il l'eût osé, il eût demandé comme une grâce de retourner coucher en prison.

Mais il ne l'osa pas, et il prit sa course vers les faubourgs et gagna la route de Gien.

Il était nuit; il mourait de faim.

A Chécy, le premier village dans lequel il s'arrêta, il entra dans une auberge qui se trouva sur sa route et demanda à manger.

Des rouliers qui se trouvaient là le reconnurent et le mirent à la porte.

Il chemina toute la nuit, arriva dans sa chère forêt et gagna sa maison.

Mais, à une centaine de pas, il s'arrêta, muet, foudroyé.

Sa maison n'existait plus.

Aux premières clartés de l'aube, il avait aperçu un monceau de cendres encore fumantes.

C'était tout ce qui restait de son habitation.

Quelle main coupable avait mis le feu à la maisonnette du malheureux?

Nul ne le sait, nul peut-être, excepté cet ennemi acharné qu'on appelait Ferdinand le Tueur de chiens.

Rossignol se mit à pleurer et oublia qu'il avait faim.

Il se coucha sur les cendres encore chaudes, et la fatigue l'emportant, il s'endormit.

Ce jour-là il se nourrit de quelques fruits à demi pourris qu'il trouva dans les champs.

Le lendemain, il songea à trouver de l'ouvrage. Il alla frapper à la porte d'une ferme.

Mais le fermier le chassa en lui disant :

— Je ne donne pas du travail aux assassins.

Pendant plusieurs semaines il erra de

grange en grange, cherchant partout du travail et se voyant refusé partout.

Les hommes le chassaient; les femmes, plus compatissantes, lui donnaient un morceau de pain.

Il n'avait plus de fusil, le sien étant resté au greffe de la cour d'assises.

Il se remit à tendre des collets.

Mais les poulaillers profitèrent de sa misère pour lui payer son gibier le quart de ce qu'ils le lui payaient autrefois.

Il n'eut bientôt plus de vêtements.

Un jour, réduit au désespoir, il alla trouver le curé Duval. Celui-ci lui donna vingt francs.

Le malheureux eut toutes les peines du monde à changer la pièce d'or.

On disait qu'il l'avait volée.

Il couchait en forêt depuis qu'il n'avait plus de maison. Il ne mangeait pas tous les jours.

Souvent il avait songé à s'expatrier, à prendre un autre nom et à s'en aller au loin.

Mais il n'avait pas d'argent, et puis l'amour de sa chère forêt triomphait de sa misère.

Il passa ainsi l'hiver.

L'époque des bécasses lui permit de vivre.

Le printemps arriva. Il prit une couple de chevreuils au collet.

Le poulailler du pays qui les payait de vingt à trente francs, eut l'audace de lui en offrir cent sous.

Avec ces dix francs-là il eut du pain pour un mois.

Rossignol avait perdu sa hardiesse. La faim seule le poussait à tendre ses collets.

Quand il avait des vivres pour trois jours, il n'osait pas et se tenait tranquille.

S'il allait dans un bourg voisin acheter du pain, les enfants le suivaient et l'appelaient assassin !

Le boulanger le regardait de travers.

Jamais on n'avait voulu le recevoir dans un cabaret.

L'hiver, en revenant, avait décuplé ses souffrances ; il ne savait plus où coucher.

La forêt n'a ni grottes, ni cavernes. Le sol en est toujours boueux.

Cependant l'Ecureuil avait trouvé un vieux chêne creux et il avait fait de ce tronc d'arbre son logis nocturne.

La fatalité qui s'acharnait après lui ne le laissa pas longtemps en possession de ce singulier logis.

On fit une coupe de bois dans le canton, le chêne fut abattu.

Ceci se passait huit jours avant cette soirée pluvieuse où nous le voyons paraître chez la Métivière.

Pendant quatre nuits Rossignol trouva un refuge dans la grange d'une ferme qui touchait à la forêt.

Il arrivait de nuit, se glissait en rampant jusqu'à la porte qu'on négligeait de fermer, se fourrait dans la paille et dormait quelques heures. Bien avant le jour il décampait, tant il avait peur d'être surpris.

Mais pendant la cinquième nuit, un chien de garde le flaira et se mit à aboyer.

Le fermier accourut avec un fusil, croyant qu'il s'agissait d'une fouine ou d'un putois.

Il trouva Rossignol et lui dit :

— Tu t'es introduit chez moi de nuit. J'ai le droit de te tuer, mais je ne suis pas un assassin, moi, va-t'en.

Quand il arriva chez la Métivière, il y avait deux jours que Rossignol errait sans feu ni lieu et sans pain.

A la façon dont il se mit à dévorer le morceau de pain et l'assiettée de soupe que lui donna la veuve, M. Anatole comprit que cet homme était misérable entre tous, et que, même s'il était coupable, le châtiment était si grand, que la justice des hommes n'avait rien à envier à celle de Dieu.

Comme la Métivière, il se prit à éprouver pour Rossignol un grand sentiment de pitié.

— Ainsi, lui dit-il, vous êtes innocent?

Rossignol leva les mains et les yeux au ciel.

Ses yeux étaient pleins de larmes; mais sa main ne tremblait pas, et il y avait dans son geste quelque chose de solennel qui surprit et émut le jeune homme.

— Je vous jure bien, monsieur, que la nuit où on a tué Saurin j'étais à prendre des bécasses dans la *Grange-Perdue,* un canton de la forêt qu'on appelle comme ça.

— Cependant vous n'aimiez pas Saurin?

— Oh! ça, c'est vrai...

— Vous aviez même tenu des propos de mort contre lui?

— C'est bien ce qui m'a perdu... mais le bon Dieu sait que je suis innocent.

— Par qui donc croyez-vous que Saurin ait été tué?

Cette question toute naturelle fit tressaillir Rossignol et la Métivière tout à la fois.

Cette dernière surtout eut même un geste d'effroi.

— Monsieur Anatole, dit-elle, il ne faut pas

parler de ça. Que voulez-vous? ça ne servirait à rien...

— Mais vous soupçonnez donc le véritable auteur du crime? insista le jeune homme.

— Non... non... dit vivement la Métivière... on ne sait pas... on ne peut pas savoir...

Son effroi était si grand en parlant ainsi que M. Anatole la regarda avec étonnement.

Quant à Rossignol, il murmura :

— On ne le saura jamais... et on dira toujours que c'est moi... à preuve qu'on s'est servi de mon fusil... mais ça serait Ferdinand, le Tueur de chiens, que ça ne m'étonnerait pas...

— Non, dit la Métivière avec conviction, ce n'est pas lui. Va! tu te trompes, mon garçon !

— Qui donc ça peut-il être autre que quelqu'un qui m'en veut? fit le pauvre diable naïvement.

M. Anatole le regarda, et lui aussi, il fut convaincu de l'innocence de cet homme.

— Mon garçon, lui dit-il, il est présumable que celui qui a commis le crime ne l'a pas commis dans le but unique de vous faire accuser. C'est quelqu'un qui en voulait à Saurin et qui avait intérêt à le faire disparaître.

— Oui, je sais... M. le curé de Saint-Florentin a dit ça... mais c'était rapport à un testament...

— Eh bien! le testament dont on a parlé ne s'est jamais retrouvé.

Rossignol regarda M. Anatole d'un air hébété. Il ne comprenait pas encore, et cette naïveté expliquait comment il s'était si mal défendu devant la cour d'assises.

Rossignol n'avait jamais exercé son intelligence que pour surprendre le gibier.

— Mon garçon, reprit M. Anatole, voici un an que vous êtes revenu dans le pays?

— Oui, monsieur.

— Et depuis un an vous vous êtes dit tous les jours : Il y a un homme qui m'en veut, c'est Ferdinand, le Tueur de chiens...

— Oh! dit Rossignol, je gagerais bien que c'est lui qui a mis le feu à ma maison.

— Soit, mais parce qu'il est votre ennemi, vous en avez conclu qu'il avait tué Saurin... dans le seul but de vous faire condamner.

— Dame!

— Ce n'est pas à Ferdinand qu'il faut songer.

— A qui donc, monsieur?

— A ceux qui avaient intérêt à tuer Saurin et à faire disparaître le testament...

— Ne parlez donc pas de cela, monsieur

Anatole, répéta la Métivière toute tremblante.

Mais soudain Rossignol se frappa le front.

— Oh! dit-il.

Et puis fixant un regard avide sur le jeune homme.

— Vous avez étudié, vous, monsieur, dit-il, vous êtes savant, et vous pourrez peut-être me dire...

— Quoi donc?

— Si je trouvais le vrai assassin, m'innocenterait-on?

— Sans doute. Mais il faudrait démontrer sa culpabilité... Et même, ajouta M. de Misseny, il n'y aurait pas dans le pays une seule personne, le résultat obtenu, qui ne crût devoir réparer le mal qu'on vous a fait.

— C'est bon! dit brusquement le pauvre diable, dans l'intelligence épaisse duquel un éclair avait tout à coup brillé... J'ai mon idée... je guetterai... j'interrogerai... mais il faudra bien que j'y arrive... je serai patient comme le renard... suffit...

Et il ne voulut pas s'expliquer davantage.

La pluie ne tombait plus et le ciel se dégageait.

M. Anatole tendit cent sous à Rossignol en lui disant :

— C'est tout ce que j'ai sur moi, mon ami. Prenez. Ce soir j'irai voir le curé de Saint-Florentin, et nous tâcherons d'aviser aux moyens de vous venir en aide et de vous trouver du travail.

Il caressa les enfants, donna une poignée de main à la Métivière et sortit en sifflant ses chiens.

Rossignol, qui l'avait accompagné sur le pas de la porte, le suivit longtemps des yeux.

— J'ai mon idée, répétait-il.

— Mais, que veux-tu donc dire? demanda la Métivière, qui craignait peut-être de deviner.

— J'ai mon idée, suffit... Bonsoir, Rose, et merci! le bon Dieu vous rendra le bien que vous m'avez fait.

— Tu ne restes donc pas à coucher dans la grange? dit encore la veuve.

— Non, merci... j'ai mon idée... ça sera long peut-être... mais ça ne fait rien... Bonsoir!

Et Rossignol s'en alla.

CHAPITRE XVIII

En novembre, la nuit arrive de bonne heure.

Il y avait bien trois bonnes lieues de Saint-Florentin à la ferme de la Grenouillère où M. Anatole avait reçu l'hospitalité pendant la pluie, et il y était resté plus d'une heure.

Néanmoins, comme il avait de bonnes jambes et connaissait les chemins de forêt qui abrégent toujours beaucoup, M. Anatole arriva à Saint-Florentin un peu avant sept heures.

La vieille tante était quelque peu inquiète.

— D'où viens-tu donc si tard, mon mignon? lui dit-elle.

M. Anatole, en se mettant à table, raconta naïvement son aventure de chasse et la pluie qui l'avait forcé à se réfugier chez la Métivière, et la rencontre qu'il avait faite de Rossignol.

La vieille demoiselle était au courant de cette histoire et partageait les convictions de M. le curé Duval, qui n'avait cessé de protester de l'innocence de Rossignol.

Son neveu lui fit un tableau aussi simple que touchant de la misère du pauvre diable.

— Il faut le prendre ici, dit-elle, nous l'occuperons... Il était laboureur, autrefois... il gagnera bien sa vie.

— Mais, ma bonne tante, je ne demande pas mieux, répondit M. Anatole; seulement...

— Seulement quoi? fit la vieille dame avec impétuosité. As-tu donc peur aussi qu'on ne le poursuive chez nous?

Et s'exaltant aux souvenirs du passé, Mlle de Misseny s'écria :

— Le château était lieu d'asile, autrefois... nous avions des priviléges...

— Mais nous n'en avons plus, ma tante.

— On a toujours le privilége d'être charitable et de faire du bien, repartit la vieille demoiselle avec fierté. Celui-là, aucune révolution ne nous l'enlèvera jamais.

— Vous avez raison, ma bonne tante; mais avez-vous réfléchi à une chose?

— Laquelle?

— C'est que nous sommes à la porte d'un village.

— Bon !

— Et que chaque fois que ce malheureux sortira d'ici pour aller aux champs, il sera suivi par une population malveillante.

— Enfin, dit la vieille demoiselle, se rendant à moitié aux objections de son neveu, que comptes-tu faire pour lui?

— J'irai voir M. le curé ce soir même.

— Et puis?

— Nous aviserons à donner un peu d'argent au pauvre diable et à l'envoyer assez loin d'ici pour que la rumeur publique ne le poursuive pas et qu'il trouve à gagner sa vie.

— Eh bien, va, mon enfant, dit Mlle de Misseny, ce sera une bonne action de plus à ajouter à toutes celles que tu as déjà accomplies.

Et levant sur son neveu un fier et doux regard :

— Vous êtes un beau cavalier, monsieur le baron, dit-elle, et je m'imagine que Dieu vous a choisi pour relever notre vieille race.

Ce soir-là, Mlle de Misseny renonça à son trictrac que son neveu faisait complaisamment avec elle tous les soirs.

Un peu après huit heures, M. Anatole s'enveloppa dans sa peau de bique, — le vêtement qui recouvre indistinctement, l'hiver, à la campagne, les épaules du paysan et celles du gentilhomme, — et il prit le chemin du presbytère.

La cure de Saint-Florentin était située à l'autre extrémité du pays.

Le château sur la gauche, le presbytère sur la droite, étaient comme les deux gardiens du village et miraient tous deux dans la Loire, l'un ses poivrières et sa vieille tour, l'autre son humble toit de tuiles rouges.

Le curé Duval, qui était si souvent par les chemins, était chez lui ce soir-là.

Et il n'était pas seul.

Trois personnes étaient auprès de lui, à l'entour du feu de la cuisine, lorsque M. de Misseny frappa à la porte.

D'abord la vieille Nanon, la servante du curé, qui s'était assoupie, comme elle en avait la coutume chaque soir ; Bigorne, qui achevait de souper en coupant sur un morceau de pain, en l'assujettissant avec son pouce, un morceau de petit salé ; et la jeune maîtresse d'école de Saint-Florentin, que le curé avait retenue à dîner ce soir-là.

Mlle Mignonne, installée depuis huit jours, paraissait très-contente.

Le curé Duval avait employé toute son influence, une fois que la pauvre fille eut passé ses examens, pour l'avoir à Saint-Florentin.

Il avait à cœur de veiller sur l'orpheline, le bon vieux prêtre, et en la sachant près de lui, la tâche lui paraissait simplifiée de moitié.

Il lui avait donné pour ménagère une femme d'un certain âge, une veuve en qui il avait la plus grande confiance.

Chaque matin, Mignonne allait entendre la messe que le curé disait à la pointe du jour.

En revenant de l'église, le bon prêtre visitait quelquefois sa protégée.

Un jour il lui avait dit :

— Mon enfant, j'ai soixante ans, les cheveux blancs comme neige, et mon passé répond de moi. J'ai bien quelques ennemis dans la commune, mais ce sont des ennemis de mon habit bien plus que de ma personne. Vous pouvez venir au presbytère tant que vous voudrez, nul n'y trouvera à redire.

Et Mlle Paumelle ne se le fit pas répéter.

Quand le curé était chez lui, le soir, après son dîner, Bigorne prenait une lanterne et s'en allait chercher la demoiselle, comme on l'appelait autrefois à la Renardière.

Depuis la mort du commandant Richaud, depuis surtout le drame de cour d'assises que nous avons raconté, le curé et la jeune institutrice avaient toujours évité toute conversation ayant trait à la disparition du testament.

Le curé ne prononçait jamais le nom de la Martine. Jamais Mlle Paumelle ne parlait de la Renardière autrement que pour prier pour le repos de l'âme de son oncle.

Du reste, nous l'avons dit déjà, Mignonne n'était pas cette jeune fille mélancolique sur le front de laquelle plane un éternel nuage de tristesse.

Meurtrie de bonne heure aux aspérités de la vie, elle avait conservé néanmoins son caractère égal, résigné, et sa belle humeur.

Elle riait encore, en dépit de ses malheurs, et mettait parfois à nu une double rangée de petites dents blanches et éblouissantes comme des perles.

Au moment où M. de Misseny entra, Mignonne était en train de raconter au bon curé qu'elle se trouvait parfaitement heureuse à Saint-Florentin.

La maison d'école était proprette et commode, bien aérée et tout fraîchement récrépie.

Elle avait un petit jardin dans lequel elle se promettait bien de cultiver des fleurs au printemps, et les plus belles qu'on pût voir.

Du premier jour elle avait plu aux parents et aux écolières. Quelques-unes même avaient pour elle mille attentions, et lui apportaient le matin du laitage et des fruits.

Enfin n'était-elle pas tout près de son vieil ami, l'ami de son pauvre oncle, dont elle ne prononçait jamais le nom sans que son œil rieur ne s'emplît d'une larme?

Que pouvait-elle désirer de plus?

Et le vieux prêtre l'écoutait en souriant et murmurait à part lui :

— Qui sait? La Providence, en la déshéritant, avait peut-être ses vues secrètes. Peut-être sera-t-elle plus heureuse qu'elle n'eût été riche et exposée aux orages de la vie mondaine.

Le curé Duval fut un peu surpris de la venue de M. Anatole, lequel, on le sait, lui faisait une ou deux visites par an, tandis que lui, le curé, allait quelquefois voir la vieille demoiselle du château.

La cuisine, qui était la pièce où se tenait assez volontiers le curé en hiver, son salon étant humide et froid, la cuisine était peu éclairée lorsque M. Anatole entra.

Une petite lampe brûlait seule dans un coin, et les reflets du foyer jetaient pour le moins autant de clarté.

M. Anatole, qui venait du dehors, ne vit donc tout d'abord qu'un groupe un peu confus.

Le curé s'était levé avec empressement et lui avait avancé un siège.

M. Anatole, tout entier au but de sa visite, et sans trop faire attention à Mlle Paumelle, qui se tenait immobile et silencieuse dans l'angle opposé de la cheminée, raconta donc naïvement au curé sa rencontre avec Rossignol.

Le curé tressaillit, car il vit une légère pâleur couvrir tout à coup les joues de sa protégée.

Aussi dit-il un peu brusquement à M. Anatole :

— Je vous remercie, monsieur le baron, d'avoir songé à m'associer à une bonne action ; je suis tout à fait de votre avis. Coupable ou non ; et je le crois innocent, moi, le malheureux est digne de pitié, et non-seulement on ne peut pas le laisser mourir de faim, mais encore il est convenable de chercher un moyen de lui venir plus efficacement en aide.

M. Anatole s'inclina en signe d'assentiment.

Le curé, qui ne voulait pas qu'on s'appesantît sur les sinistres événements dont la Renardière avait été le théâtre, se hâta d'ajouter :

— J'ai un vieil ami, un prêtre comme moi, qui dessert une commune du département de Seine-et-Marne, à une vingtaine de lieues d'ici. Nous donnerons un peu d'argent à Rossignol et nous le lui adresserons. L'abbé Gervais, c'est le nom de mon ami, trouvera à le faire entrer dans quelque ferme de son voisinage.

M. Anatole prit la main du curé et lui dit avec effusion :

— Vous êtes un digne homme, monsieur.

— Mais, dit le curé, vous me dites que ce malheureux n'a plus d'asile?

— Hélas! non.

— Où le trouver?

— Oh! répondit M. Anatole, la forêt n'est pas si grande; j'irai demain me mettre à sa recherche.

— Demain, c'est un peu tôt, observa le curé Duval; il faut que j'aie le temps de prévenir l'abbé Gervais.

— C'est juste.

— Mais... dans deux jours, il pourra se mettre en route.

Comme le curé disait cela, la vieille horloge à coffre de chêne qui était dans un coin de la cuisine sonna neuf heures.

C'était l'heure où la vieille Nanon finissait chaque soir son premier somme.

Elle s'éveilla donc, ouvrit les yeux, fut un peu surprise de voir M. Anatole, et s'excusa de ne pas s'être éveillée plus tôt.

Puis, tandis que le jeune homme souriait, elle se leva en disant :

— Il fait peut-être noir ici?

Et elle alla prendre la petite lampe pour la poser sur la cheminée.

A ce moment les rayons de la lampe tombèrent d'aplomb sur le gracieux et joli visage de Mlle Paumelle.

M. Anatole était un enfant de la campagne, bien qu'il eût fait son éducation première dans les villes; il n'avait peut-être jamais vu une femme aussi jolie que Mlle Mignonne; à coup sûr, il n'en avait regardé aucune comme il la regarda. Il était ébloui, fasciné; il sentit son cœur battre plus vite, et une chaleur intempestive couvrit ses joues.

D'ordinaire M. Anatole de Misseny faisait au curé des visites fort courtes.

Cependant ce soir-là il s'attarda plus que de raison au presbytère.

Et quand le vieux curé, demandant sa lanterne à Bigorne, offrit son bras à Mignonne pour la reconduire à la maison d'école, M. Anatole accompagna le vieux curé.

Ce soir-là encore, le jeune homme, après avoir soufflé sa bougie, ne put parvenir à fermer les yeux.

Il était en proie à un trouble extraordinaire et dont il eût vainement cherché l'explication dans son esprit naïf et dans son cœur vierge jusque-là de tout orage et de toute émotion.

Il entendit successivement sonner toutes les heures nocturnes à l'horloge de la vieille église, et les premiers rayons de l'aube glissaient au travers de ses rideaux lorsque, la fatigue l'emportant, ses yeux se fermèrent.

Il s'endormit, mais le joli et mutin visage de Mignonne apparut peut-être dans ses rêves.

CHAPITRE XIX

La Chevrette était donc restée à Bellevue, au grand scandale de la vieille Dorothée, et sans que M. Maurel, comme on appelait désormais le Mulot, osât la chasser.

Véritable enfant de la nature et des bois, ignorante des choses les plus simples de la vie, elle était tombée dès le lendemain matin d'étonnement en étonnement.

Bellevue lui semblait un vrai château, pour ne pas dire un palais.

Elle voyait pour la première fois des meubles recouverts en étoffe.

Pour la première fois encore, elle trouvait des murs couverts d'un papier à personnages.

Si la veille elle s'était moquée de l'accoutrement du Mulot, déguisé pour elle en notaire ou en magister, le lendemain elle éprouva une sensation toute contraire, une sensation de respect.

Décidément, un homme qui possédait de si belles choses était désormais un être supérieur.

Elle fut tentée d'appeler son amant M. Maurel, tout comme la Dorothée et les gens de Saint-Florentin.

Chose bizarre! mystère du cœur humain ajouté à tant de mystères! elle ne se considéra point comme chez elle!

Elle n'éprouva même pas ce sentiment d'avidité qui s'empare de la femme quand l'homme dont elle a partagé la vie passe tout à coup de l'indigence à la fortune.

Il ne lui vint même pas à l'idée que le Mulot pouvait et aurait même dû l'épouser.

Le mariage, loi sociale, ne pouvait, du reste, entrer à l'état d'idée fixe dans l'esprit de cette femme à demi sauvage qui depuis son enfance vivait en révolte ouverte avec toutes les lois.

Mais, comme un animal familier, comme une vraie chevrette apprivoisée, comme un chien fidèle à ses heures, elle se trouva d'abord si bien à Bellevue, qu'elle ne songea pas à s'en aller, plus qu'elle ne songeait à s'y installer comme dame et maîtresse.

Elle eut des joies naïves en mangeant de la soupe dans des assiettes de faïence et avec une cuiller de métal; elle se mit à rire en buvant du vin dans une timbale d'argent.

On eût dit une sauvagesse des îles Howaï ou de la Nouvelle-Zélande à qui on donne un collier de verroterie.

Le Mulot, pendant ce temps, faisait contre fortune bon cœur.

Sa pensée était ailleurs, sans doute, mais la peur le dominant, il faisait bonne mine à la Chevrette.

Celle-ci passa une grande partie de la journée à s'extasier sur tout, à tout regarder avec curiosité, touchant à chaque objet, se faisant un jouet de tout.

— Ça n'est pas une créature du bon Dieu! grommelait la Dorothée entre ses dents.

Mais elle n'osait le dire tout haut, car elle portait encore au cou les marques des doigts nerveux de la Chevrette.

Le Mulot regardait de temps à autre, à la dérobée, la méchante jupe de la jeune fille, son unique vêtement, et il avait honte, pour la première fois, de cette nudité.

Fort heureusement pour lui, la Chevrette ne songea pas à sortir tout d'abord.

Personne ne vint du bourg visiter le nouveau châtelain, et les fermiers n'aperçurent pas, durant les deux heures de repos qu'ils prenaient au milieu du jour, le singulier et nouvel hôte.

Une partie de la journée s'écoula ainsi.

La Chevrette continuait à gambader et à courir de salle en salle, du rez-de-chaussée au premier étage, et du premier étage au grenier, répétant :

— Tout ça est à mon homme !

Cependant, comme le jour baissait, elle sortit sur le pas de la porte et ses regards inquiets interrogèrent l'horizon.

Tout autour de Bellevue s'étendaient le vignoble et le labourage qui faisaient la richesse et l'orgueil des habitants de Saint-Florentin.

Au delà, dans le lointain, comme une ligne bleuâtre sur laquelle le soir projetait des tons roses, on apercevait le commencement de la forêt.

Cet éloignement déconcerta un peu la Chevrette. Elle éprouva cette tentation bizarre de l'exilé qui aperçoit dans les brumes du soir, tout là-bas, les horizons aimés de la patrie.

L'instinct sauvage reprit le dessus.

Elle songea à ses futaies, à ses impénétrables taillis, à ses fourrés d'épines où elle avait couché côte à côte avec les hôtes des bois.

La curiosité qui l'avait poussée à quitter la forêt pour venir visiter la nouvelle résidence de son homme s'était calmée. A mesure que le jour baissait et que le soleil resplendissait plus obliquement sur les flots jaunes de la Loire, son inquiétude augmentait.

Elle prêtait l'oreille aux bruits divers qui l'entouraient, le son de la cloche du village annonçant pour le lendemain une fête carillonnée, le chant des bergers qui rentraient, et la conversation des laboureurs revenant à la ferme.

Mais les bruits chers à son oreille, elle ne les entendait pas..., ni le houhoulement de l'oiseau de nuit qui s'éveille, ni le craquement des arbres sous l'effort du vent, ni les grognements de quelque harde de sangliers passant à travers bois, ni enfin, retentissant au lointain, quelqu'une de ces joyeuses fanfares du cor sonnant la retraite, ou rappelant avec plus de mélancolie les chiens égarés qui hurlaient au perdu.

La vie forestière était loin, la vie agricole l'entourait et l'oppressait.

Comme le Mulot, qui vivait fort déconcerté depuis le matin, l'avait suivie sur le pas de la porte, elle lui mit la main sur l'épaule et lui dit :

— Est-ce que nous ne partons pas?

— Hein! fit le Mulot qui parut s'éveiller de quelque long et pénible cauchemar.

— Il fera lune dans une heure, poursuivit-elle.

— Ah! dit encore le Mulot.

— Et comme il n'y a pas de vent, le temps sera beau pour l'affût.

Le Mulot tressaillit, mais il ne répondit pas.

La Chevrette dit encore :

— J'ai connaissance d'un broquart qui vient toutes les nuits boire à la *Mare-Rouge*. Hier, en venant, j'ai encore vu son piquet.

— Ah! ah! fit le Mulot dont les instincts se réveillèrent.

— Il saute la route de la *Vieille-Truie,* passe dans les gaulis de la *Grange-Brûlée* et revient bondir à la *Mare-Rouge*.

J'ai idée que si tu allais l'y attendre, il viendrait se faire tuer comme une alouette au miroir.

Le Mulot retomba dans son mutisme.

— C'est un beau broquart, poursuivit la Chevrette qui ne s'aperçut même pas de ce silence. Je crois qu'il vient de l'autre lot, et qu'il a été chassé. Il est tout seul... Le poulailler de Fay-aux-Loges en donnerait au moins vingt francs.

Dans sa naïveté, la Chevrette oubliait que le Mulot n'avait plus le stimulant de la pauvreté et que, s'il obéissait à la passion du braconnage, ce serait par pur amour de l'art.

Elle continua, voyant que le Mulot ne répondait pas :

— Si nous manquons le broquart, je sais un beau coup à faire pour nous rattraper.

— Ah! dit le Mulot.

— Le brigadier Lebouteux n'est pas chez lui.

— Où est-il donc?

— Il est allé à la noce d'un de ses gardes, Michelin, qui se marie de l'autre côté de Lorris. Il ne reviendra pas avant après-demain, et pendant deux jours on sera *chez soi* dans son cantonnement. C'est derrière la maison, en tirant sur la Grenouillère, que sont les deux compagnies de faisans que les actionnaires ont tant cherchés la semaine dernière sans pouvoir les lever. Tu as un bon fusil; en quatre ou cinq heures, demain matin, tu les fusilleraistous.

— J'aimerais mieux ça que le broquart, dit le Mulot, qui, à son tour, oubliait un moment qu'il était devenu bourgeois de Saint-Florentin.

— Eh bien, dit la Chevrette, partons. Nous irons coucher dans la Grange-Brûlée. Il y a de la bonne feuille en tas. Il y fera chaud comme dans un four.

Cette fois, le Mulot s'éveilla de ce rêve que, sous l'influence de la Chevrette, il faisait tout éveillé.

Il s'éveilla en songeant à son lit garni d'un édredon et de deux matelas, avec un baldaquin de toile de Rouen à fleurs rouges, à la belle pendule à colonnes de sa chambre et aux vases de fleurs qui l'accompagnaient.

Et regardant la Chevrette d'un air dédaineux :

— Je crois que tu es folle, dit-il.

— S'il vous plaît? fit la Chevrette en le regardant d'un air stupéfait.

— Tu oublies donc que je ne suis plus le Mulot?

— Quéque t'es donc? dit-elle naïvement.

— Je suis M. Maurel.

Elle lui rit au nez comme la veille.

— Eh ben ! qu'est-ce que ça fait ?

— Je ne suis plus braconnier...

— Oh ! cette bêtise !

— J'ai un permis de chasse...

Un homme qui se trouve parmi d'honnêtes gens et qui dit tout à coup : « Tenez, il y a une heure, j'ai assassiné quelqu'un, » ne produit pas sur son auditoire une sensation plus violente que celle que le Mulot produisit sur la Chevrette avec ces simples mots :

« J'ai un permis de chasse. »

Un permis de chasse, lui ! le roi des braconniers de la forêt... l'enfant indiscipliné toujours prêt à faire feu sur un garde ou un gendarme !

L'homme qu'elle avait aimé, uniquement peut-être parce qu'il foulait la loi aux pieds et se moquait des pouvoirs établis !

— Toi ! toi ! dit-elle, tu as un permis de chasse ?... Ah ! ah ! ah !...

Et riant de plus belle, elle s'enfuit... laissant le Mulot atterré.

Il la suivit des yeux, immobile, muet, abruti...

Elle franchit d'un bond la lisière qui séparait la cour de l'enclos.

Il la vit bondir à travers les taillis comme une bête fauve chassée à vue par les chiens...

Il n'était pas encore revenu de son ébahissement qu'elle avait disparu.

Seulement, son rire clair et moqueur retentissait dans l'éloignement.

— Bon voyage ! dit alors la Dorothée qui, du fond de la cuisine, avait assisté à cette étrange scène.

Le Mulot se retourna.

— Elle est drôle tout de même ! fit-il avec un accent de dépit.

La Dorothée crut que le moment était venu de tomber sur son ennemie.

— J'espère bien, dit-elle, que vous la jetterez dehors, cette sauvagesse, si jamais elle revient, monsieur Maurel.

Le mulot ne répondit pas.

Dorothée continua, prenant ce silence pour un acquiescement :

— Vous ne pouvez pas maintenant continuer à fréquenter du monde pareil, monsieur Maurel ; faut vous établir... Il ne manquera pas de filles qui portent chapeau tout comme des dames qui voudront de vous.

Mais cet appel qu'elle faisait à la vanité de son jeune maître ne fut pas entendu.

La vie sauvage du Mulot lui revenait en mémoire, et ce rire sardonique et d'une sanglante ironie que la Chevrette lui avait jeté au nez en s'en allant, avait remué en lui une foule de fibres qui depuis quelque temps ne vibraient plus.

Il lui monta au cerveau comme une odeur de fougère et de genêts, et les âpres parfums des bois chatouillaient son souvenir.

— Tais-toi donc, vieille bête! dit-il brutalement.

Et il fut sur le point de prendre son fusil et de courir après la Chevrette.

Mais la Dorothée, qui sentait avoir commis une faute, essaya de la réparer en changeant la conversation :

— Est-ce que vous avez vu Mlle Paumelle? dit-elle.

Soudain le Mulot tressaillit des pieds à la tête, et il sortit, comme si tout à coup son front embrasé eût eu besoin d'air.

— Je crois qu'il est un peu fou, pensa Dorothée.

Le Mulot se promena plus d'une heure autour du *château* et de la ferme, en proie à mille pensées confuses qui se heurtaient dans son cerveau.

La nuit était venue depuis longtemps.

Il finit par rentrer.

Son souper était prêt, il se mit à table.

Mais il mangea du bout des dents, et il avait l'air si farouche que la Dorothée n'osa lui adresser la parole et qu'elle le servit, ayant ôté ses sabots pour faire encore moins de bruit.

Quand il eut soupé, il fuma.

Quand il eut fumé, il songea d'abord à aller se coucher, et puis il changea encore d'idée.

Il prit son chapeau et sortit.

Comme il avait laissé son fusil, la Dorothée fut tranquille.

— Au moins, pensa-t-elle, il ne va pas courir après la Chevrette.

Le bruit de la claire-voie qui retombait ayant frappé son oreille, Dorothée se hasarda à regarder par la fenêtre de la cuisine.

Au clair de lune elle vit le Mulot qui prenait le chemin de Saint-Florentin.

— Bon! pensa-t-elle, il va au café, il reviendra, et il ne fera pas bon jaser avec lui.

Je vas fermer les portes et me coucher; si la Chevrette revient, ils s'arrangeront. S'ils s'extermineront, tant pis! ce n'est pas moi qui les séparerai!

CHAPITRE XX

C'était en effet à Saint-Florentin qu'allait le Mulot.

Il pouvait être alors neuf heures du soir.

Comme il entrait dans cette longue rue qui est en même temps la route impériale, qui commence au presbytère, en venant d'Orléans et finit au château, en tirant du côté de Gien, il entendit marcher derrière lui.

C'était un pas d'homme, un pas net, rapide sans précipitation, et moins lourd que celui d'un paysan.

Le Mulot se retourna et vit à peu de distance derrière lui une silhouette mince et grande qui le gagnait peu à peu de vitesse.

Instinctivement le Mulot ralentit le pas.

La silhouette prit une forme plus consistante, et bientôt M. Maurel fut dépassé par un grand jeune homme qui ne fit aucune attention à lui et continua son chemin.

Mais le Mulot, obéissant peut-être à un instinct secret, doubla le pas et l'examina, grâce à la clarté resplendissante de la lune.

Le jeune homme lui parut habillé de velours à côtes, porter des jambières par-dessus ses bottines ferrées, et être coiffé d'une de ces casquettes rondes qu'on appelle *melons* et qui sont un peu, dans l'Orléanais, le signe particulier des chasseurs de bonne compagnie. L'ombre partie d'un pignon, qui se projetait jusqu'au milieu de la rue, empêcha le Mulot de poursuivre son examen.

Mais il n'en continua pas moins à précipiter sa marche, comme s'il eût voulu rejoindre celui qui l'avait dépassé.

Obéissait-il à un sentiment de curiosité ?...
Il eût été peut-être bien embarrassé de le dire.

Cependant, comme le jeune homme passait sans s'arrêter, et même sans détourner la tête, devant une maison toute blanche qui se trouvait à peu près au milieu de la rue, sur la rangée de gauche, le Mulot respira bruyamment.

En même temps, il cessa de marcher aussi vite.

La maison blanche qui avait fixé tout à coup ses regards était l'école des filles.

C'était par une des croisées entr'ouvertes du rez-de-chaussée de cette maison que la veille il avait aperçu Mlle Paumellé.

Et tandis que le jeune homme se perdait dans l'éloignement, le Mulot s'approcha de l'école.

Mais il ne vit pas de lumière, ni au premier étage, ni au rez-de-chaussée.

Mlle Paumelle, comme on le sait, était chez le bon curé Duval.

Quant à la vieille femme qui faisait son ménage, elle avait profité de cette absence pour aller bavarder chez des voisins.

Le Mulot demeura pendant quelques minutes en faction devant la maison blanche.

Il attendait toujours qu'une croisée s'éclairât.

Mais les croisées s'obstinaient à demeurer privées de toute lumière.

A trente ou quarante pas plus loin, au contraire, une clarté blafarde se projetait jusqu'au milieu de la rue. C'était le café de l'Univers qui, par une joyeuse illumination composée des deux quinquets du billard et de trois ou quatre chandelles éparses sur les tables, essayait de séduire les consommateurs.

Comme la maison d'école persistait à demeurer dans le silence et l'obscurité, le Mulot se laissa gagner par cet entraînement *a giorno* du bouchon.

Il entra dans l'établissement.

Le maître du café lui fit son salut le plus obséquieux.

Les habitués se levèrent comme un seul homme. Les joueurs qui faisaient la poule au billard s'arrêtèrent un instant.

Enfin M. Jouval lui-même, qui ce soir-là daignait se mêler à la foule, comme les demi-dieux descendaient jadis de l'Olympe sur la terre, lui adressa un sourire bienveillant et lui offrit une place à sa table.

Le Mulot s'assit d'un air distrait.

Evidemment sa pensée était ailleurs.

Un brave homme de tonnelier qu'on appelait le père Ulysse, et qui buvait volontiers à toutes les tables, jugea que le moment était venu de faire d'une pierre deux coups.

Il connaissait les opinions de M. Jouval touchant les nobles et les prêtres.

Il avait remarqué la veille que les paroles

malveillantes qu'on avait débitées sur M. Anatole n'avaient point déplu à M. Maurel.

Il s'approcha donc familièrement de la table de M. Jouval et prit un verre en disant :

— Les honnêtes gens peuvent bien boire un coup, tandis que les ennemis de la commune conspirent entre eux.

— Ah! on conspire? dit M. Jouval, dont la face rougeaude prit un aspect tout à fait digne.

— Pardine! est-ce que vous n'avez pas vu passer tout à l'heure M. Anatole?

— Où donc allait-il? demanda M. Jouval.

— Chez le curé, pardine! Est-ce que ça se demande?

— Qui se ressemble s'assemble! murmura ironiquement M. Jouval.

— Ça, c'est bien sûr.

Quelques ennemis du gentilhomme ruiné se rapprochèrent de la table du marchand de biens.

— Ce curé Duval se mêle de tout ce qui ne le regarde pas, continua M. Jouval.

— C'est vrai tout de même, fit-on en chœur.

Le Mulot était distrait et se taisait.

Mais tout à coup il dressa l'oreille.

— Si on m'avait écouté au conseil, poursuivit M. Jouval avec aigreur, nous n'aurions pas changé de maîtresse d'école.

Le Mulot sentit une légère chaleur monter à son front.

M. Jouval poursuivit :

— Qu'est-ce qui a vu la nouvelle, à propos?

— Moi, dit le père Ulysse. Elle vous a des airs de duchesse à faire crever une feuillette de vin de Beaugency.

Instinctivement le Mulot jeta un regard de travers au père Ulysse.

Mais M. Jouval ne surprit point ce regard.

Au contraire, il crut faire sa cour à M. Maurel en lui disant :

— Hé! mais, à propos, est-ce que ce n'est pas la nièce de défunt M. votre beau-frère?

Le Mulot se rengorgea un peu.

On était bien venu auprès du vagabond en appelant le commandant Richaud son beau-frère, et en légitimant ainsi la conduite de sa sœur.

— Oui, monsieur, répondit-il.

M. Jouval se mit à rire :

— Ce n'est pas la faute du curé Duval, dit-il, si madame votre sœur est encore à la Renardière...

Soit que sa préoccupation le dominât, soit que, de parti pris et obéissant à un sentiment de prudence, le Mulot ne voulût pas se plaindre du curé Duval, il ne répondit pas.

M. Jouval ne se tint pas pour battu et continua :

— C'est vraiment grand'pitié que dans notre pays les prêtres se mêlent de tout ce qui ne les regarde pas.

Ulysse le tonnelier fit à son tour cette réflexion judicieuse :

— Comme rien ne les regarde en dehors de 'leur église, il faut bien qu'ils se mêlent de quelque chose.

Le Mulot était inquiet.

Il quitta la table de M. Jouval sans affectation et alla sur le pas de la porte.

Ses yeux se fixèrent de nouveau sur la maison d'école.

Nul doute que s'il avait vu de la lumière aux croisées, il ne fût sorti sur-le-champ.

Mais la maison était toujours dans l'ombre.

— Il faut qu'elle soit sortie! pensa-t-il.

En effet, comme il n'était pas neuf heures lorsqu'il avait passé devant les croisées de la jeune fille, il était peu présumable qu'elle fût déjà couchée.

Le père Ulysse continuait à faire sa cour à M. Jouval, en tombant sur le curé.

— Ils sont quatre bonnes langues à l'entour du feu du presbytère, disait-il. Ça doit marcher... et on doit parler du café de l'Univers à nous faire tinter les oreilles à tous.

— Quatre ? fit M. Jouval d'un air interrogateur.

— Pardine ! le curé d'abord...

Et M. Anatole.

Et la vieille Nanon, une jolie vipère encore, celle-là.

— Ça ne fait que trois, dit M. Jouval.

— Et la nouvelle maîtresse d'école, qui ne doit pas *décolérer* d'avoir vu l'héritage lui passer sous le nez.

A ces derniers mots, qui parvinrent à son oreille, car il n'avait pas quitté le seuil de la porte, le Mulot tressaillit des pieds à la tête.

— Ah ! dit M. Jouval, elle est au presbytère !

— Oui, elle y a dîné.

Le Mulot fit appel, en ce moment, à son vieux sang-froid de braconnier.

Il ne parut pas avoir entendu.

Mais il éprouva au dedans de lui une commotion violente qui détermina une tempête.

Les habitués du café de l'Univers tombaient à qui mieux mieux sur M. Anatole et le curé.

Le Mulot ne protesta plus.

Puis, tout à coup, sans dire adieu à personne, il s'en alla. Cette sortie brusque étonna un peu M. Jouval.

— Drôle de garçon ! fit-il.

Ce fut un signal ; le bon et charitable esprit de la province s'arma de sa vaillante langue de Tolède, et on tomba sur le Mulot pour plaire à M. Jouval.

— Il a mauvaise façon, ce garçon, dit l'homme qui était devenu une protestation vivante.

— Lui ! fit le père Boutteville, qui se trouvait dans un coin, jouant au piquet avec le conducteur des ponts et chaussées, c'est un bon enfant tout de même.

— Et puis il a acheté Bellevue, n'est-ce pas ? dit M. Jouval en riant.

On se mit à faire chorus avec le marchand de biens, et le père Boutteville fut mis sur la sellette.

— Il l'a même payée cher, votre grange, papa Boutteville, dit Ulysse le tonnelier, qui s'efforçait de plaire à M. Jouval.

— Il l'a payée ce qu'elle valait.

— A votre estime, possible ; mais pas à la mienne.

— Chacun a sa manière de voir, grommela le vieux fermier.

— Vous savez ce que je vous en ai offert, moi qui suis de la partie, dit M. Jouval : quarante-cinq mille francs, contrat en main.

— Aussi vous n'avez pas été mon homme.

— C'est que, riposta M. Jouval qui voulait avoir le dernier mot, vous êtes fin, papa Boutteville, et vous saviez qu'il y a toujours par le monde de la graine d'imbéciles.

....

Tandis qu'on glosait sur le Mulot et sur le père Boutteville, le frère de la Martine s'éloignait en courant du café de l'Univers.

Où allait-il ?

La tête en feu, le cœur plein de colère, mordu par cet aiguillon inconnu la veille, qu'on nomme la jalousie, il s'en allait vers le presbytère, sans trop savoir pourquoi et sans projet arrêté.

M{}^{lle} Mignonne s'y trouvait.

Le grand jeune homme qui l'avait dépassé dans la rue et qui n'était autre que M. Anatole s'y trouvait pareillement.

C'en était assez pour que le Mulot, qui avait en tête une foule de projets vagues, allât rôder à l'entour du presbytère.

Le presbytère de Saint-Florentin avait un jardin assez vaste qui descendait vers la Loire.

Le bâtiment était séparé de la rue par une petite cour fermée par une claire-voie peinte en vert.

Le Mulot regarda au travers des barreaux, il ne vit pas de lumière.

Il en conclut que la pièce où se tenaient le curé et ses hôtes devait donner sur le jardin.

Le Mulot redevint le braconnier et le vagabond d'autrefois.

Il oublia qu'il était propriétaire et avait pignon sur rue. Tourner le presbytère et escalader le mur du jardin, s'y établir à californiechon, plonger un regard ardent dans la cuisine, fut pour lui l'affaire d'un moment.

Il vit Mlle Paumelle assise entre le curé et M. Anatole.

Si le regard humain avait le pouvoir de tuer, M. Anatole aurait certainement succombé.

Le Mulot éprouva en ce moment un tel sentiment de fureur et de jalousie, qu'il murmura :

— Suis-je bête maintenant de toujours voyager sans mon fusil !

CHAPITRE XXI

Revenons pour un moment à la Renardière que nous avons quittée depuis la mort du commandant Richaud, l'assassinat de Saurin et l'arrestation de Rossignol dit l'Ecureuil.

Les hommes de notre temps ne brillent pas précisément, à la campagne surtout, par les sentiments chevaleresques.

Le personnel de la Renardière était la preuve de cette maxime.

Quand le commandant fut mort, quand on sut que la Martine et le petit Auguste héritaient, le revirement des esprits fut complet.

On appela « madame » celle que longtemps on avait considérée comme une égale et dont, ensuite, on n'avait subi le joug qu'avec une sourde impatience.

Tout le monde resta.

Michel lui-même, après avoir dit pendant quinze jours qu'il s'en irait chercher sa vie ailleurs, n'avait pas bougé.

Il faut rendre à la Martine cette justice, que depuis qu'elle était dame et maîtresse, son caractère s'était, comme on dit, *bonifié*.

Jamais elle n'avait été moins impérieuse et plus tolérante.

Elle prit son rôle de châtelaine au sérieux, et se posa, dès les premiers jours, en femme qui veut faire du bien à sa famille.

Elle avait même supplié son père, le vieux brigadier Maurel, de donner sa démission et de venir demeurer avec elle.

Mais Maurel était un honnête homme et de principes austères.

Il se borna à répondre à sa fille :

— Si je croyais ce que dit le curé Duval, je te renierais; mais je ne le crois pas heureusement. Seulement cette fortune dont tu hérites est le fruit de ton inconduite, et je ne mange pas de ce pain-là.

Et il était resté dans sa maisonnette de forêt,

préférant, comme il disait, le pain du Gouvernement au pain du déshonneur.

La Martine n'avait pas insisté.

Le Mulot, comme on l'a vu, s'était montré moins scrupuleux.

Il n'avait vu aucun obstacle à l'acquisition de Bellevue et il était passé bourgeois de Saint-Florentin sans difficulté.

Peut-être, mais personne n'eût pu l'affirmer, la Martine s'était-elle un peu défendue.

Seulement elle aimait beaucoup son frère, et puis elle lui avait sans doute quelques obligations.

Donc tout le monde était resté à la Renardière, depuis les dindonniers jusqu'aux valets de charrue.

Michel était passé garde-chasse.

La Martine avait poussé la bonté jusqu'à faire offrir une pension à Mlle Paumelle.

La jeune fille avait refusé.

Depuis un an et plus qu'elle trônait à la Renardière, la nouvelle châtelaine avait fait quelques connaissances. M. de Saint-Jullien, son plus proche voisin, qui vivait avec sa gouvernante, lui avait fait une visite et ne lui avait pas marchandé le titre de Mme Richaud.

Le maire d'Ingranne lui avait présenté *son*

épouse. Elle avait pris un précepteur pour le petit Auguste. Seul, le curé de Seury-aux-Bois n'avait pas voulu pactiser avec le scandale.

La Martine avait pris le deuil.

Jamais, autrefois, on ne l'avait vue franchir le seuil d'une église.

Maintenant, elle allait à la messe tous les dimanches. On l'eût prise pour une veuve parfaitement légale en la voyant conduire par la main son fils tout de noir habillé.

Une circonstance fortuite aida l'opinion publique à faire en sa faveur une petite manifestation sympathique.

Un assez mauvais sujet, le fils d'un banquier de Lorris, lui fit demander sa main. Il était assez joli garçon, avait quelque bien et était brutal et ivrogne.

Trois bonnes raisons pour qu'une mégère comme la Martine consentît à l'épouser.

Elle le refusa en disant que feu le commandant avait toujours eu l'intention de légitimer son fils et qu'il allait régulariser la position lorsque la mort l'avait surpris; que par conséquent elle se considérait comme la veuve du plus honnête et du meilleur des hommes, qu'elle porterait éternellement son deuil et qu'elle élèverait son fils sans jamais se marier.

Les bonnes femmes du voisinage, qu'éblouissait déjà la grosse calèche qui traînait Mme Richaud à la messe chaque dimanche, battaient des mains en s'écriant que la Martine était une bien honnête femme.

Or, un an après la mort du commandant, la Martine était adorée à la Renardière, et Michel lui-même disait que le curé Duval avait voulu *monter un coup* en faveur de Mlle Paumelle.

Le départ du Mulot avait mis le comble à la félicité universelle et peut-être aussi au bonheur de la Martine.

Depuis huit jours qu'il avait été mis en possession du château de Bellevue, on n'avait plus revu le Mulot, et, seul peut-être, le petit Auguste avait demandé après son oncle.

La Martine respirait et se disait :

— Enfin, m'en voilà débarrassée.

La Martine se trompait.

Le lendemain du jour où nous avons vu M. Maurel redevenir le Mulot, et escalader, au mépris des gendarmes et de la loi, le mur du jardin de M. le curé de Saint-Florentin, la Martine achevait de souper; lorsqu'elle entendit aboyer les chiens qu'on lâchait dans la cour dès que la brume arrivait.

Puis une voix brutale qui disait :

— Paix donc! Médor, vas-tu te coucher, Minos! Vous allez faire connaissance avec la crosse de mon fusil, vilaines bêtes!

C'était le Mulot qui entrait brusquement.

— Voilà mon tonton! dit le petit Auguste qui s'élança de sa chaise vers la porte.

— Monsieur Maurel! annonça une fille de cuisine en ouvrant les deux battants.

Le Mulot entra. Il était vêtu comme un chasseur gentilhomme.

Veste, carnier, jambières, melon, le fouet en bandoulière, un fusil à bascule sur l'épaule et la cartouchière au flanc.

Rien n'y manquait.

Pas même une paire de grands briquets tricolores qu'il s'était appropriés dans la meute de feu le commandant.

— Bonjour, la sœur! dit-il en posant son fusil dans un coin, et en embrassant le petit Auguste.

— Ah! te voilà, dit la Martine qui dissimula sous un sourire la contrariété que lui faisait éprouver la visite inattendue de son frère.

— Est-ce que ça t'étonne? dit le Mulot.

— Mais non...

— Il n'y a pas cinq lieues, par la forêt, de Bellevue à la Renardière. J'ai pris mon fusil et je me suis dit : « Allons voir la sœur. »

En même temps, il fourra les mains dans les poches de sa veste et en retira deux faisans et un lièvre qu'il jeta sur la table.

— Voilà pour payer mon rôt, dit-il.

— Est-ce que tu viens souper ?

— Mais dame !

Et il se mit à table.

D'abord il mangea de fort bon appétit et ne parla que de choses indifférentes.

Mais la Martine ne laissait pas que d'être inquiète.

La réserve du Mulot l'effrayait plus que quelque demande d'argent à brûle-pourpoint.

Quand il eut fini de souper, le Mulot posa ses coudes sur la table :

— Causons un brin, dit-il.

La Martine fronça le sourcil; mais elle attendit.

— Est-ce que tu vas passer l'hiver ici? dit le Mulot.

— Et où veux-tu donc que je le passe? demanda-t-elle étonnée d'une semblable question.

— Dame! fit le Mulot, tu devrais penser à ton fils : il faut le faire élever, cet enfant.

— Il a un maître.

— Il vaudrait mieux l'envoyer à l'école.

— Ah! fit la Martine, qui cherchait à deviner la pensée secrète de son frère.

Le Mulot reprit :

— Tu devrais acheter une maison à Saint-Florentin.

— Merci bien!

— Nous serions voisins, dit le Mulot.

— La Martine ne répondit pas; mais le Mulot ne se tint pas pour battu.

— M. Anatole de Misseny, dit-il, est à moitié ruiné. On dit qu'il veut vendre le château. On aura ça pour rien...

— Je n'en veux pas! dit sèchement la Martine.

— Mais j'en voudrais bien, moi, dit froidement le Mulot; ça me plairait plus que Bellevue.

La Martine ne se déconcerta point.

— Eh bien, dit-elle, si Bellevue ne te plaît pas, il faut le vendre et acheter le château de M. Anatole.

— Ah! mais, c'est que je voudrais bien garder Bellevue tout de même.

— Je n'ai pas d'argent, dit la Martine sans s'émouvoir.

— Farceuse !

Et il prononça ce mot d'un ton et avec un sourire qui firent frémir la Martine.

Elle agita la sonnette qu'elle avait sous la main.

Au bruit, une servante accourut.

— Allez donc coucher M. Auguste, dit-elle, ne voyez-vous pas qu'il s'endort?

L'enfant avait été bien élevé. Il craignait sa mère comme le feu et jamais il ne résistait.

La servante l'emporta, bien qu'il n'eût pas envie de dormir, et il ne pleura point.

Le Mulot avait pris son couteau et s'amusait à tailler des petits morceaux de pain, en sifflotant un air de chasse.

La Martine se leva, alla fermer la porte au verrou, puis elle revint se camper devant son frère, les deux poings sur les hanches, l'œil étincelant.

C'était la Martine des anciens jours, la furie devant qui tout tremblait autrefois.

— Ah çà, dit-elle, est-ce que tu n'as pas fini bientôt de m'exploiter ainsi?

— Je ne t'exploite pas, répondit le Mulot qui ne se départit pas de son calme railleur.

— Je t'ai donné Bellevue, c'est assez !

— Si on veut, dit le Mulot.

— Comment, si on veut?

— Dame! pour les gens qui ne savent pas...

Et le Mulot eut un nouveau sourire.

La Martine ne fléchit point.

— Moi qui sais, dit-elle, je trouve que c'est suffisant !

— Ah! tu trouves?

— Oui!

— Comme tu voudras... murmura le Mulot avec une résignation apparente qui couvait des tempêtes.

Et il se leva de table et prit son fusil.

Puis il fit un pas vers la porte.

La Martine le saisit par le bras.

— Ecoute encore, dit-elle.

— Que veux-tu?

— Tu sais que je ne te crains pas!...

— Je le pense bien, ricana le Mulot.

— S'il te plaît de jaser et de te perdre, ça te regarde! Moi je n'y suis pour rien...

— Faudra toujours, dit froidement le Mulot, que tu rendes la moitié.

— Oui, mais tu iras à l'échafaud!

— Bah! je filerai auparavant...

Et il fit un nouveau pas de retraite.

La Martine l'arrêta encore.

— Qu'est-ce que ça vaut, le château de Saint-Florentin?

— Une soixantaine de mille francs.

— C'est trop cher.

— Je parie que Mlle Mignonne trouverait que c'est pour rien, dit le Mulot.

Ces mots firent pâlir la Martine.

— Eh bien, dit-elle, on verra...

— C'est tout vu. J'en ai envie.

— Mais à une condition.

— Laquelle?

— C'est que tu me rendras ce que tu sais.

Le Mulot haussa les épaules.

— Puisque je l'ai brûlé, dit-il.

— Tu mens!

— Je te dis que je l'ai brûlé!...

Et le Mulot s'en alla en ajoutant :

— Tu réfléchiras... Mais ça me convient, le château de M. Anatole... Et puis je veux être maire de Saint-Florentin un jour ou l'autre... Bonsoir!

La Martine ne chercha point à le retenir.

Elle demeura un moment pâle, oppressée, en proie à un tremblement nerveux.

Puis elle se remit.

— Il n'osera pas, se dit-elle... Il sait bien qu'il se perdrait... Et puis, ajouta-t-elle, tandis que son œil lançait un éclair, moi aussi, j'ai mon idée...

CHAPITRE XXII

Le Mulot s'était peut-être un peu bien avancé en disant que le château de Saint-Florentin était à vendre. Personne ne lui avait soufflé un mot de ça. Jamais M. Anatole n'avait eu la pensée de quitter la demeure de ses pères, dût-on la lui payer au poids de l'or.

Mais le Mulot était comme tous les hommes riches depuis peu et qui, plus que tous les autres, croient à la toute-puissance de l'argent.

Comment cette idée d'acheter le château était-elle venue à M. Maurel ?

C'est ce que nous allons raconter, en nous reportant pour quelques minutes à ce moment où, à califourchon sur le mur du jardin du curé, il apercevait dans la cuisine du presbytère M{{ll}}e Paumelle et M. Anatole de Misseny.

Depuis la veille, depuis le moment où il avait revu, à travers les contrevents de la maison, non plus la petite fille qu'il avait vue sauter à la corde dans le parc de la Renardière, mais une belle et grande personne de vingt ans, auprès de laquelle la Chevrette n'était plus qu'une horreur, le Mulot avait été en proie à des pensées tumultueuses et insensées.

Basant toujours, en vrai paysan qu'il était, tous ses raisonnements sur l'argent, le Mulot s'était dit :

— Je suis riche maintenant, et je le serai bien plus encore quand je le voudrai, attendu qu'il faudra bien que ma sœur donne tout ce que je lui demanderai. La demoiselle n'a pas le sou, et si je vais la trouver et lui demander à l'épouser, elle me sautera au cou.

Le premier soir, il était rentré à Bellevue dans cette disposition et, osons le dire, dans cette sécurité d'esprit.

La Chevrette, qu'il avait trouvée chez lui, avait jeté quelque trouble dans son imagination et un peu inquiété ses projets.

Mais enfin, la Chevrette était partie, et le Mulot avait repris le cours de ses idées.

Malheureusement, comme nous l'avons vu, le calme de son esprit avait été de courte durée.

D'abord il avait rencontré M. Anatole de Misseny.

Puis au café on lui avait appris que M. Anatole allait chez le curé et que la maîtresse d'école s'y trouvait.

Quelques minutes après il était sur la route et faisait cette réflexion naïve :

— Je ne devrais jamais m'embarquer sans mon fusil.

Ce qui pouvait se traduire ainsi :

— Si j'avais mon fusil, j'enverrais une charge de chevrotines dans la tête à ce beau monsieur qui a l'air de vouloir regarder la femme qui me plaît.

L'esprit de despotisme et d'aventures du moyen âge, ce mépris de la vie humaine et cette logique de la force brutale, que la civilisation a effacés de nos mœurs, se retrouvent chez le braconnier.

C'est le dernier baron féodal égaré dans notre siècle.

Seulement, au lieu d'être bardé de fer, il va nu-pieds.

Mais sa manière de voir est à peu près la même.

Heureusement pour M. de Misseny que le Mulot n'avait pas son fusil, et heureusement peut-être aussi pour celui-ci, qu'il avait laissé tomber son chapeau en escaladant le mur, que sa tête était nue et qu'il faisait un vent très-froid.

Ce vent le calma.

Il se laissa glisser à terre, ramassa son chapeau et s'éloigna en se disant :

— Ce serait bon en forêt, un coup comme ça, mais ici les gendarmes s'en mêleraient... pas de bêtises !

Et il s'éloigna.

Mais en s'éloignant, il fit contre M. Anatole les serments les plus terribles.

Néanmoins le drôle avait sur lui-même un certain empire.

Au lieu de rentrer chez lui, il retourna au café.

M. Jouval venait de partir.

Les gens qui, pour plaire à ce dernier, avaient tourné en dérision le Mulot, se rapprochèrent du Mulot de plus belle et lui firent force avances.

Le Mulot avait retrouvé son flegme.

On n'osa pas lui demander d'où il venait, et il ne songea point à s'en vanter.

Afin de lui plaire, on remit la conversation sur M. Anatole de Misseny.

— C'est une manière de curé, bien qu'il n'ait pas de soutane, dit le père Boutteville.

— Est-ce qu'il est riche? demanda le Mulot.

— Ah! bien oui, ricana le vieux paysan. Quand trois pièces de cent sous se rencontrent chez lui, elles forment une harde et se sauvent courir les champs.

— Il ne boit pas du vin vieux toujours, observa Ulysse le tonnelier d'un air moqueur.

— Et quand il tue un lièvre, c'est une belle économie de côtelettes pour la semaine, dit un troisième.

— Ces renseignements vibraient harmonieusement à l'oreille du Mulot.

— Et il a des dettes avec ça, dit le père Boutteville.

— Ça, dit le père Ulysse, je ne sais pas.

Le cafetier prit la parole à son tour :

— Je me suis laissé dire que Jaubert, le fermier des *Broutilles*, avait sur le château une hypothèque de deux mille écus. Je crois que s'il voulait être payé, M. Anatole serait bien embarrassé.

— Qu'est-ce que ça vaut le château? demanda le Mulot d'un air indifférent.

— Le château, la ferme, le clos de vigne, l'outillage, le dedans et le dehors, et tout le bataclan, répondit le père Boutteville, si ça vaut 40,000 francs, c'est le bout du monde.

Le Mulot prenait note de tout cela dans son esprit. Mais comme il savait à peu près ce qu'il voulait savoir, il quitta le café et s'en alla.

Chemin faisant, il s'adressa le petit monologue que voici :

— La Martine a déjà financé de 60,000 francs; elle financera bien d'autant encore.

Quand il s'agit de payer la convenance, il ne faut pas marchander; et la convenance, pour moi, c'est que ce beau monsieur s'en aille. Si son bien vaut 40,000 francs, je lui en donnerai 50,000, et il me dira : « Bien obligé ! »

Et puis, ça flattera peut-être la demoiselle, quand elle sera ma femme, d'aller habiter le château.

Le Mulot s'était endormi en caressant tous ces beaux projets.

Il rêva qu'il habitait le vieux manoir, et qu'on l'appelait M. le maire.

Au petit jour il était sur pied.

Un moment il agita dans son esprit la question de savoir s'il irait tout droit au château faire des offres à M. Anatole.

Mais il se décida pour une autre démarche.

— Allons voir la Martine, se dit-il.

Nous l'avons vu arriver à la Renardière, et nous avons assisté à cet entretien orageux qui s'était terminé par le brusque départ du Mulot et quelques mots assez obscurs échappés à la Martine.

— Il faudra bien qu'elle y arrive! murmurait le Mulot en s'en allant. Elle y arrivera... ou sinon...

Mais chez lui la colère était bientôt calmée, et son caractère astucieux prenait le dessus facilement.

— Bah! se dit-il encore en prenant un sentier qui courait sous bois et passait auprès de la Grenouillère, la ferme de Rose Métivier, je ne sais pas pourquoi je me tourmente... c'est comme si je tenais l'argent!

Il n'y a plus qu'à voir M. Anatole.

Et il mit son fusil sur son épaule et s'en alla d'un bon pas.

La nuit était claire, la lune brillait au ciel.

Comme il arrivait dans une grande ligne de forêt, le Mulot crut voir devant lui se dresser la silhouette d'un homme qui fit un bond de côté et sauta le fossé et le talus.

— Voilà un camarade qui travaille et que je dérange ! se dit le Mulot en riant.

C'était évidemment un braconnier qui tendait quelque collet et, entendant du bruit, s'était sauvé.

Le Mulot était devenu M. Maurel.

M. Maurel songeait à acquérir le château de Saint-Florentin et à bien d'autres choses encore.

Mais il était demeuré braconnier et ses frères en rapine étaient toujours ses frères.

Il posa donc ses deux doigts sur sa bouche et fit entendre un de ces coups de sifflet dont les gardes et les gendarmes ont vainement cherché la note.

C'était le coup de sifflet du ralliement.

L'homme qui s'était couché immobile de l'autre côté du fossé se redressa.

Le Mulot fit entendre un second coup de sifflet ; puis il dit à mi-voix :

— As donc pas peur, camarade.

L'homme s'approcha timidement.

Puis, tout à coup, il tressaillit en reconnaissant le Mulot.

— Bon ! fit celui-ci qui éprouva une émotion toute semblable et recula d'un pas, c'est cette canaille de Rossignol ! Veux-tu te sauver, assassin !

Mais Rossignol ne bougea pas :

— Vous êtes comme les autres, vous aussi, monsieur Maurel? dit-il avec une certaine douceur.

— Passe ton chemin, brigand!

Mais Rossignol lui tendit la main :

— A présent que vous êtes riche, dit-il, ne soyez pas dur au pauvre monde. Voici deux jours que je ne mange pas, et je ne puis même pas prendre un lapin.

— Tiens, voilà dix sous, et file! dit le Mulot.

Rossignol allongea sa main et murmura :

— Le bon Dieu vous le rendra, monsieur Maurel.

Il fit mine de s'en aller, puis il revint, et, d'un ton piteux :

— Si vous vouliez être charitable jusqu'au bout, vous me donneriez une pipe de tabac.

Le Mulot avait peut-être de bonnes raisons pour ne pas croire à la culpabilité de Rossignol, mais il entrait peut-être aussi dans sa politique d'y croire aveuglément, et il lui dit en ricanant :

— Si j'avais été juré, je t'aurais fait fumer une drôle de pipe, mon bonhomme.

Rossignol ne se fâcha point.

Le Mulot avait tiré de sa poche une vessie

pleine de tabac, et il la tendait fraternellement à l'Ecureuil.

Celui-ci y plongea un petit brûle-gueule tout noir, tant il était vieux, et le chargea.

M. Maurel, à son tour, rechargea sa pipe.

— Attends, fit-il, je vais te donner du feu.

Et il fit jaillir une étincelle d'une de ces allumettes rouges à grosse tête qui commencent à se répandre dans les campagnes et qui brûlent au vent. Puis, comme charité bien ordonnée commence par soi-même, il s'alluma.

La flamme de l'allumette éclaira alors son visage, que Rossignol regardait en ce moment avec une certaine persistance.

— Tiens! dit-il tout à coup, vous avez perdu une de vos boucles d'oreille, monsieur Maurel?

— Oh! il y a longtemps, dit le Mulot.

Et il passa sa pipe allumée à Rossignol, qui posa la sienne sur le fourneau.

Le Mulot, comme beaucoup de paysans, avait eu les oreilles percées dans son enfance, et il avait toujours porté deux petits anneaux ronds traversés par une flèche.

Depuis un an environ, il n'en avait plus qu'un. Sans doute il avait perdu l'autre dans quelqu'une de ces expéditions de braconnage nocturne auquel il se livrait autrefois.

Rossignol, ayant allumé sa pipe, se confondit en remercîments.

— Si tu as fait le coup, dit le Mulot en s'en allant, tu as de la chance.

— Je suis innocent... balbutia le malheureux...

— Tarare ! chanta le Mulot.

Et il s'éloigna, tandis que Rossignol disparaissait de nouveau dans le fourré.

Mais le Mulot, qui s'était mis à siffler une fanfare, s'arrêta tout à coup.

— Ah çà se dit-il, pourquoi donc a-t-il remarqué que j'avais perdu une de mes boucles d'oreille ? Il avait l'air drôle en me disant ça...

Et le Mulot rentra chez lui tout pensif deux heures après.

Il eut beau, comme la veille, songer à Mlle Mignonne, il eut beau se dire que M. Anatole serait trop heureux de lui vendre son château avec dix mille francs de bénéfice.

Vainement aussi caressa-t-il ce rêve d'avenir dans lequel il se voyait ceint de l'écharpe municipale.

Un souvenir l'obsédait et il se répétait :

— Mais pourquoi donc Rossignol a-t-il remarqué que j'avais perdu une de mes boucles d'oreilles ?

CHAPITRE XXIII

Il y avait deux jours que la vieille tante, Mlle de Misseny, voyait peu son neveu.

En revanche, le curé Duval avait eu deux fois sa visite en vingt-quatre heures.

Rossignol, et ce qu'il y avait à faire pour le pauvre diable, étaient le motif apparent de ces deux visites, mais peut-être n'était-ce qu'un prétexte.

Un prétexte que le jeune homme se donnait à lui-même.

Pour aller chez le curé, il lui fallait passer devant la maison d'école.

Le premier jour, c'est-à-dire le lendemain de cette soirée passée au presbytère, au moment où M. Anatole de Misseny longeait la rue, il vit toutes les fenêtres ouvertes.

La vieille gouvernante faisait le ménage, et auprès d'une des croisées, M{ile} Paumelle se livrait à un travail d'aiguille en attendant ses écolières.

M. Anatole la salua.

Elle lui rendit son salut en rougissant.

Le jeune homme passa.

Au retour, la jeune fille n'était plus à sa fenêtre.

Mais elle était dans son jardin.

Le jardin longeait la maison et n'était séparé de la maison que par un mur à hauteur d'appui sur lequel se trouvait une claire-voie.

M. Anatole hésita un moment.

Puis il s'approcha :

— Bonjour, mademoiselle, dit-il en s'appuyant à la claire-voie.

Cette fois Mignonne ne rougit pas seule.

M. Anatole était aussi troublé qu'un écolier.

Mignonne et lui échangèrent quelques mots insignifiants sur le jardin, le jardinage et les fleurs.

M. Anatole dit qu'il avait de fort beaux oignons de tulipe; il demanda à Mignonne la permission de lui en envoyer.

La jeune fille n'osa refuser.

Elle accepta en rougissant un peu plus fort.

M. Anatole s'en alla.

Le lendemain matin, il retourna chez le curé.

Mais il fut moins heureux. Mignonne n'était pas levée sans doute.

Elle s'était couchée fort tard peut-être. Peut-être, comme le temps était brumeux, était-elle déjà sur pied, mais n'avait-elle point songé à ouvrir sa fenêtre.

M. Anatole rentra fort triste au château.

— Qu'as-tu, mon mignon? demanda la vieille demoiselle, qui remarqua cette mélancolie.

— Mais rien, ma tante.

Et M. Anatole soupira.

— Je sais bien ce que tu as, reprit la bonne vieille tante.

Anatole eut un battement de cœur.

— Voilà que vous avez vingt ans, mon beau neveu, poursuivit Mlle de Misseny; et vous commencez à trouver peut-être que notre maison est bien vide.

— Ma tante...

— Bien triste et bien solitaire.

— Mais elle est comme elle a toujours été balbutia le jeune gentilhomme.

La vieille demoiselle eut un malin sourir

— Sans doute, dit-elle, mais une jeune et jolie femme qui viendrait s'asseoir entre nous...

Anatole se crut deviné et il devint écarlate.

— Allons! allons! poursuivit Mlle de Misseny, il faudra que nous cherchions cela...

— Ma tante...

— Je vais écrire à nos cousins du Blaisois. Blois est un pays d'héritières...

— Les héritières ne voudront pas de moi, ma tante.

— Et pourquoi cela donc, mon beau neveu?

— Mais parce que je suis... pauvre...

— Mais tu es de belle et bonne race. C'est quelque chose.

Anatole soupira et ne répondit rien.

Ce n'était pas à une héritière qu'il songeait.

Avec ce tact exquis qu'ont les femmes de savoir s'arrêter à temps, Mlle de Misseny, qui ne pouvait pas cependant s'imaginer que M. Anatole, son neveu, eût déjà une préoccupation fixe, brisa l'entretien pour ce jour-là.

— Est-ce que tu ne vas pas faire un tour de chasse? dit-elle.

— Il le faut bien, répondit Anatole..

— Comment donc?

— J'ai promis à M. le curé de retrouver Rossignol et de le lui envoyer.

— Ah !

— Et pour trouver Rossignol, il faut bien que j'aille en forêt.

Sur ces mots, Anatole mit ses jambières, endossa sa veste-carnier, prit son fusil et siffla ses deux bassets.

Puis il embrassa sa tante et s'en alla.

Une heure après il était en forêt et ses chiens attaquaient dans une petite enceinte rectangulaire qui avait deux passages à peu près sûrs, deux bonnes *chutes*, comme on dit dans l'Orléanais.

Anatole se posta à l'une d'elles et attendit.

A la manière dont les chiens chassaient, il était facile de voir que c'était un lièvre.

La chasse venait droit sur le jeune homme et déjà il avait le fusil à l'épaule lorsqu'un coup de feu se fit entendre.

Puis les chiens mirent bas tout aussitôt. Porter la main à la bride de votre cheval n'est pas une plus grande insulte que tirer une bête de chasse devant vos chiens.

C'était la première fois peut-être que pareille chose arrivait à M. de Misseny.

Aussi, bien qu'il fût naturellement fort doux, éprouva-t-il un premier mouvement de colère bien légitime.

Soudain un homme sortit du fourré, tenant par les oreilles le lièvre qui gigotait encore.

Mais cet homme au lieu de se sauver, comme font les braconniers en pareil cas, vint droit à M. Anatole en le saluant.

— Excusez-moi, monsieur, dit-il, et croyez bien que je n'ai pas voulu vous faire une insulte. J'ai pris vos chiens pour les miens; comme je les ai tout nouvellement, je ne connais pas bien encore leur voix, et c'est ce qui m'a trompé. Et puis, c'est si fourré là-dedans...

Comme cet homme disait cela, deux briquets sortirent à leur tour de l'enceinte.

On eût dit qu'ils avaient hâte de venir témoigner en faveur de leur maître.

Or cet homme qui s'accusait avec tant d'empressement n'était autre que le Mulot.

Il avait su donner à sa physionomie une expression piteuse et pleine de respect qui désarma la colère croissante de M. de Misseny.

Ce dernier fit un signe qui pouvait se traduire par une acceptation d'excuses.

— Permettez-moi de vous restituer votre gibier, monsieur, continua le Mulot.

Et il présenta le lièvre à M. Anatole.

Celui-ci le refusa en souriant.

— Alors, dit le Mulot, si vous le voulez

bien, nous allons en attaquer un autre. Ici, Flambo! Hou, là! là! Ravaude!

— Mais, monsieur, observa M. Anatole, au risque de vous paraître curieux, oserais-je vous demander à qui j'ai l'honneur de parler?

— Je me nomme Maurel, monsieur; je suis votre voisin. C'est moi qui ai acheté Bellevue.

— Ah! fort bien, dit le jeune homme.

Puis, avec une nouvelle hésitation :

— Vous ignorez peut-être, monsieur, dit-il, que nous sommes ici dans le lot de M. le duc de S...

— Certainement non, je ne l'ignore pas.

— Alors le duc vous a sans doute donné une permission, comme à moi?

— Oh! pour ça, non, répondit le Mulot, qui reprit son ton arrogant, et je me fiche un peu de lui, entre nous.

— Vous vous exposez à un procès...

— Eh bien, qu'il y vienne!

Anatole eut un léger froncement de sourcil qui témoignait de l'étonnement pénible que lui causait cet étrange langage.

Le Mulot reprit :

— Nous avons des bois à la Renardière, ma sœur et moi.

Anatole tressaillit :

Ce nom de Maurel ne lui avait pas appris grand'chose, mais le mot *la Renardière* le mit tout de suite au courant.

Il avait devant lui le frère de cette femme qui avait dépouillé Mlle Paumelle de son héritage, et il ne fut pas assez maître de lui pour réprimer un geste hautain et presque de dégoût.

Le Mulot poursuivit :

— Nous avons des bois à la Renardière, et M. le duc de S... ne se gêne pas pour y venir quand sa meute est après un sanglier. Si on lui avait fait des procès à chaque fois, il en serait soûlé.

Ce ton d'estaminet, cette arrogance, achevaient de stupéfier M. de Misseny.

— Par conséquent, dit encore le Mulot, il n'y a pas à se gêner. Si vous voulez, nous allons attaquer un autre lièvre : c'est le canton ici. A moins que vous ne vouliez descendre du côté de Ville-Perdue ; nous tomberons sur une harde de chevreuils, c'est à peu près sûr. Ils sont bien gorgés, vos bassets, et bien collés à la voie. Si vous voulez, nous ferons deux relais ; je prendrai mes briquets en laisse. Il n'y a que le basset pour tout ; c'est le meilleur chien et ça fait la meilleure chasse.

Il avait dit tout cela d'une haleine, sans que M. Anatole de Misseny eût pu placer un mot.

Mais enfin quand il eut fini, le gentilhomme s'efforça de sourire, fit appel à cette politesse exquise qui est le lot des gens de race, et lui dit :

— Monsieur Maurel, je serais certainement très-heureux de chasser avec vous, d'autant plus que vous avez la réputation d'un excellent fusil et d'un chasseur consommé ; mais vous me voyez dans un bien grand embarras.

— Vous n'avez peut-être pas le temps ? dit le Mulot.

— Ce n'est pas cela ; veuillez me permettre de m'expliquer. M. le duc de S... a eu la bonté de m'autoriser à chasser dans son lot. Je ne suis ni garde ni gendarme, et je n'ai mission ni qualité d'empêcher qui que ce soit de chasser ; mais si M. le duc de S... savait que nous avons chassé ensemble, il pourrait trouver ce procédé désobligeant.

Le Mulot fut frappé de la justesse de ce raisonnement.

— C'est bien possible, après tout, dit-il ; c'est un original, le duc...

M. de Misseny ajouta comme un **correctif** à son refus :

— Si jamais, monsieur, nous nous rencontrons en plaine, ou si M. le duc de S... vous donne une permission, croyez que je serai très-heureux de chasser avec vous.

Puis il salua le Mulot et s'éloigna.

Le Mulot demeura un moment comme pétrifié.

Cependant il se fut bien vite remis :

— Hé! monsieur? cria-t-il.

Anatole s'arrêta.

Le Mulot se mit à courir et le rejoignit.

— Mais, excusez, di-il, nous sommes voisins...

— Vous me l'avez appris tout à l'heure.

— J'aurais peut-être une petite affaire à vous proposer.

— A moi?

— Oui, monsieur.

— Eh bien, dit Anatole, s'il vous plaît de venir chez moi ce soir ou demain, nous pourrons causer.

Et il salua de nouveau et s'éloigna.

Le Mulot siffla ses chiens et rentra insolemment dans l'enceinte déjà battue, murmurant

— Avec tout ça, j'ai gardé le lièvre; pas fier, moi!

Et comme je te le vais faire filer de Saint-

Florentin d'ici deux mois, *móssieu le baron!*

Il est fier, mais ça ne fait rien... Quand on n'a pas le sou, la fierté ne sert pas à grand'-chose !

....

Un quart d'heure après, les bassets de M. Anatole attaquaient de nouveau, et un homme accourait à la voix des chiens.

C'était Rossignol.

— Je te cherchais, mon ami, dit le jeune homme.

— Moi aussi, répondit le pauvre diable ; aussi, quand j'ai entendu vos chiens, je me suis empressé d'arriver...

CHAPITRE XXIV

Rossignol avait encore la mine plus délabrée que de coutume.

Il était couvert de boue et ses vêtements ne tenaient plus.

Peut-être même avait-il souffert de la faim.

Cependant il sembla à M. Anatole qu'il y avait dans ses yeux comme un vague rayon d'espérance et que son front pâle s'éclairait à sa vue.

— Mon garçon, lui dit le jeune homme, j'ai vu M. le curé de Saint-Florentin. Je lui ai parlé de toi.

— Vous êtes bien bon, monsieur, répondit Rossignol.

— Le curé a écrit à un de ses amis qui est là-bas du côté de Malesherbes et qui te recevra. On te trouvera de l'ouvrage.

— Vous êtes bien bon, monsieur, répéta Rossignol.

M. Anatole prit ces paroles pour un acquiescement et continua.

— Tu peux venir ce soir à Saint-Florentin, chez moi ou chez M. le curé. Viens un peu tard pour que personne ne te voie. Nous te fournirons les moyens de faire ta route, M. le curé et moi.

— Monsieur, dit Rossignol pour la troisième fois, vous êtes bien bon, mais ce n'est plus mon idée de partir.

M. Anatole tressaillit.

— Pourquoi donc? fit-il.

— Parce que, répondit Rossignol, si je m'en vais, si je quitte le pays, on dira que j'étais coupable, et aussi vrai que voilà le jour qui nous éclaire, monsieur, je suis innocent de la mort de Saurin.

— Mais, malheureux, dit M. Anatole, songe donc qu'ici on te chasse de partout et que tu meurs de faim!

— Je ne dis pas non, monsieur.

— Comment vivras-tu? que deviendras-tu?

Le pauvre braconnier se transfigura pour ainsi dire tout à coup aux yeux du jeune homme.

Ce visage pâle et vulgaire s'éclaira, ce regard fougueux se fixa sur M. Anatole avec une certaine dignité, l'homme sembla grandir, tant la conviction qui l'animait était profonde.

— Monsieur, lui dit-il, un homme comme moi, un malheureux qui ne sait ni lire ni écrire, qui n'a ni un pouce de terre ni une cabane, et à qui tout le monde refuse du travail, c'est peu de chose, n'est-ce pas? ce n'est même rien du tout... Eh bien, pourtant, il peut se faire que cet homme se souvienne que, lorsqu'il était petit, sa mère l'envoyait au catéchisme et que le prêtre qui l'enseignait disait que tous les hommes étaient frères, et que Dieu était bon pour tous, puisque c'était pour les sauver tous, les pauvres aussi bien que les riches, qu'il avait envoyé son fils sur la terre.

Ce langage frappa M. Anatole et il attendit.

Rossignol continua :

— Moi le misérable, moi le pauvre homme qui ne mange pas tous les jours, moi qui suis une fois plus malheureux que la bête qui vit au fond des bois, je n'ai pas oublié ce que disait le prêtre qui nous enseignait le catéchisme, et comme il était vieux, j'ai cru ce qu'il disait, car les cheveux blancs ne mentent pas.

Eh bien! je crois au bon Dieu et à sa bonté, et je ne puis pas me figurer que le bon Dieu permettra toujours que l'innocent soit accusé, quand on salue partout le coupable et qu'on lui fait bonne mine.

M. Anatole tressaillit.

— Tu connais donc le coupable? dit-il.

— Peut-être bien, répondit Rossignol.

Puis comme s'il eût craint d'être forcé de s'expliquer, il dit encore :

— Le prêtre nous disait aussi que le bon Dieu n'aidait que ceux qui s'aidaient eux-mêmes.

— Ah! fit M. Anatole.

— C'est pour cela, ajouta Rossignol, que je reste ici, parce que je suis sur les traces du véritable assassin et que, si le bon Dieu m'aide, je pourrai le prendre au collet quelque jour, et le conduire chez les gendarmes, en disant : Voilà celui qui a tué Saurin !

— Mais, mon garçon, dit M. Anatole, il ne suffira pas de dire : Voilà l'assassin ! il faudra le prouver.

— Je le prouverai.

— C'est différent.

— Oh! je serai patient, monsieur, poursuivit Rossignol. La patience, voyez-vous, ça me connaît... un braconnier... J'ai passé des trente nuits de suite à l'affût, sur une branche d'arbre, pour guetter des sangliers qui venaient dans une avoine; mais j'ai fini par les tuer.

Tant que je n'aurai rien à dire, je ne dirai rien... Si je rencontre l'homme qui a tué Saurin, je lui ferai bonne mine... mais je ne le perdrai de vue ni jour ni nuit.

Ces derniers mots donnèrent naturellement à penser à M. Anatole que Rossignol ne livrerait pas son secret.

— Ainsi, dit-il, tu ne veux pas partir?

— Non, monsieur.

— Mais comment vivras-tu?

— Comme je pourrai...

Et il fit cette réponse avec une résignation admirable.

Le jeune homme tira cinq francs de sa poche et les lui donna.

Le braconnier sentit ses yeux s'emplir de larmes.

— Vous voyez bien qu'il y a un bon Dieu, dit-il, puisqu'il y a des gens comme vous, monsieur.

— Quand tu n'auras plus d'argent, ajouta

M. Anatole, viens à Saint-Florentin ; M. le curé et moi, nous ferons ce que nous pourrons.

— Le bon Dieu vous bénira, répondit Rossignol.

Et il s'en alla et s'enfonça dans la forêt.

— Pauvre homme ! murmura M. Anatole. Le curé Duval n'est plus le seul à croire à son innocence ; le crime ne s'exprime pas ainsi.

....

M. Anatole était rentré de bonne heure ce jour-là. Il n'avait chassé que jusqu'à trois ou quatre heures. A peine prit-il le temps, en arrivant, de mettre ses chiens au chenil et d'accrocher son fusil dans la salle basse. Il ne monta point à la chambre de Mme de Misseny et repartit sur-le-champ.

Il s'en alla tout droit à Saint-Florentin ; il avait à rendre compte au curé de sa rencontre avec Rossignol et de ce que lui avait dit celui-ci. En passant, il jeta un coup d'œil à la dérobée sur la maison d'école.

C'était l'heure de la classe, et Mignonne n'était pas à sa fenêtre.

M. Anatole soupira et passa son chemin.

Ce fut avec une sorte de joie qu'il apprit que le curé était absent.

On était venu le chercher en toute hâte pour un malade qui était au plus mal.

— Je reviendrai ce soir, se dit-il.

Comme il repassait devant la maison d'école, il tressaillit et éprouva comme une sensation de dégoût. Un homme faisait le pied de grue de l'autre côté de la rue et paraissait surveiller également les croisées de la jeune fille.

Cet homme, c'était le Mulot, qui revenait de la chasse et avait encore son fusil sur l'épaule.

Quand il vit M. Anatole il s'éloigna sans affectation et prit le chemin de Bellevue à petits pas.

M. Anatole rentra chez lui en proie à une sorte de colère dont il ne se rendait pas compte.

Cependant, de peur que la vieille demoiselle ne reprît sa conversation matrimoniale du matin, conversation qui l'avait mis au supplice, il s'efforça d'être gai et de chasser les nuages de son front.

Il abrégea même son souper, tant il était pressé de retourner chez le curé, c'est-à-dire d'apercevoir de nouveau ces bienheureuses fenêtres derrière lesquelles lui apparaîtrait peut-être en pleine lumière le doux visage de Mlle Mignonne.

Mais comme il se levait de table, la servante qui cumulait au château les fonctions de cuisinière et de femme de chambre, ouvrit la porte de la salle à manger et annonça :

— M. Maurel !

M. Anatole se souvint alors que le rustre lui avait demandé un entretien.

Que lui voulait-il?

M. Anatole n'aurait pu le dire.

Mais il fit contre fortune bon cœur, se promettant de l'expédier au plus vite, et il donna l'ordre de faire entrer le Mulot dans une petite salle du rez-de-chaussée qui lui servait de cabinet.

— Qu'est-ce que M. Maurel? demanda la vieille demoiselle avec étonnement.

— Le nouveau propriétaire de la ferme de Bellevue, répondit le jeune homme en se levant.

Et il passa dans la salle où le Mulot était déjà installé dans un fauteuil, dans l'importante attitude d'un homme qui, pour nous servir de l'expression orléanaise, *a le sentiment de sa valeur.*

M. Maurel n'avait pas dédaigné, pour cette démarche solennelle, de se parer de tous ses avantages.

Il avait endossé la redingote, plastronné

sa poitrine de ce gilet à carreaux rouges qui avait tant fait rire la Chevrette, et coiffé le *tuyau de poêle*.

Il avait même des gants.

Des gants noirs, à fielts blancs, ce qu'il avait trouvé de mieux chez l'unique mercière du pays.

M. Anatole, en dépit de ses préoccupations, eut toutes les peines du monde à réprimer un sourire.

— Monsieur, dit-il au Mulot, vous m'avez fait l'honneur de me demander un entretien?

— Oui, monsieur.

— Je vous écoute.

Et M. de Misseny s'assit.

— Monsieur, dit le Mulot avec l'aplomb d'un parvenu, je ne vous cacherai pas que lorsque j'ai envie d'une chose, je ne suis pas du tout regardant. Bellevue me convenait, je l'ai payé un peu cher, mais je ne m'en repens pas.

— Après, monsieur, dit M. Anatole.

— Une chose qui vaut, bien payée, quarante mille francs, je la paye cinquante, si elle me convient.

— Vous êtes généreux, monsieur.

Et M. de Misseny ne put, cette fois, réprimer un sourire. Puis il ajouta :

— Mais pourquoi me dites-vous cela?

— Je veux faire une affaire avec vous.

— Oh!

— Si vous voulez, je vous donne dix mille francs de pot-de-vin.

Anatole fronça le sourcil.

— Je ne vous comprends pas, dit-il froidement.

— Vous allez voir, continua le Mulot avec un imperturbable aplomb. Quand on aura payé votre bien quarante mille francs, maison comprise, c'est tout ce que ça vaut.

— Eh bien?

— J'en donne cinquante.

Anatole se leva stupéfait du siége où il était assis.

— Mais, monsieur, dit-il, mon bien n'est pas à vendre.

— Je ne dis pas... mais dix mille francs de pot-de-vin...

— Monsieur!

— Ça ne se trouve pas sous le pied d'un cheval, allez!

Anatole avait éprouvé tour à tour un sentiment d'étonnement, puis de colère.

La colère fit place tout à coup à une hilarité bruyante ; il regarda ce grotesque personnage qui venait lui proposer de vendre la maison paternelle, et le trouva si ridicule et si comique, qu'il partit d'un grand éclat de rire. Cette fois, le Mulot se leva tout déconcerté.

— Vous refusez ? dit-il.

— Mais certainement, dit le jeune homme, qui demeura debout pour lui faire comprendre qu'il n'avait plus qu'à se retirer, lui le Mulot.

— Vous avez tort.

M. Anatole ne se donna pas la peine de répondre.

Le Mulot prit son chapeau, se dirigea vers la porte, puis, avant d'en franchir le seuil :

—Vous pourriez bien vous en repentir, ajouta-t-il d'un ton menaçant.

Anatole s'inclina sans répondre et le reconduisit courtoisement jusqu'à la porte du vestibule.

Puis il le salua de nouveau et lui tourna le dos.

— Nous allons bien voir ! murmura le Mulot, s'en allant ivre de rage.

CHAPITRE XXV

Dorothée, la servante qui avait passé du service de la Martine à celui de M. Maurel, s'était levée de bonne heure, selon son habitude, ce jour-là, et elle donnait à sa cuisine un vigoureux coup de balai.

Depuis qu'il était passé bourgeois, le Mulot se levait volontiers assez tard.

Un bon lit n'est pas chose à dédaigner pour qui, durant de longues années, n'a jamais couché que sur la feuille sèche roulée par le vent au fond des bois.

Les joies de la propriété rendaient le Mulot paresseux.

Avant qu'il ne descendît de sa chambre, la

Dorothée avait ordinairement fait tout son ouvrage.

Aussi fut-elle très-étonnée, ce matin-là, de l'entendre remuer dans sa chambre, un peu avant sept heures, alors qu'il était jour à peine.

Un quart d'heure après, le Mulot descendit.

Il était guêtré, habillé, et il avait sa carnassière au dos.

— Vous êtes matinal, monsieur? dit la Dorothée.

— C'est parce que je vais en route.

— Et où donc que vous allez? demanda la servante.

— De l'autre côté de Nibelle, répondit le Mulot, auprès de Chemault.

— Ah! mon Dieu! fit la Dorothée stupéfaite; mais c'est à dix lieues d'ici!

— Environ.

— Et qu'est-ce que vous allez faire par là?

— Je vais chez un fermier qu'on appelle Jaubert. Connais-tu ça?

— Serait-ce celui qui a les Broutilles, une ferme à M. de Saint-Jullien?

— Peut-être bien.

— Est-ce que vous allez chasser?

— Oui, dit le Mulot avec un sourire mystérieux.

— Mais vous ne pouvez pas revenir ce soir?

— Aussi je ne reviendrai que demain.

— Ça se trouve bien, dit Dorothée.

— Pourquoi donc ça?

— J'ai laissé toutes mes frusques à la Renardière, j'irai les chercher.

— Comme tu voudras, dit le Mulot avec indifférence.

— Mais vous n'allez peut-être pas partir à jeun? dit la Dorothée d'un ton mielleux et plein de sollicitude.

— Fais-moi du café.

La Dorothée mit une bouilloire au feu, et le Mulot alluma sa pipe, après s'être assis à califourchon sur une chaise devant le feu.

— Mais, dit encore la servante, est ce que vous allez à pied aux Broutilles?

— J'ai de bonnes jambes, et je prendrai au travers de la forêt.

— Je crois bien que vous feriez mieux de prendre le bidet et la carriole au fermier. Ça fait, continua Dorothée, que vous passeriez avec moi par la Renardière.

Le Mulot parut réfléchir un moment.

— Ce n'est pas beaucoup plus long, objecta

Dorothée, et un bidet comme celui du fermier ça fait du chemin.

— Comme tu voudras, répondit le Mulot, qui s'acharnait trop après une idée fixe pour attacher à tout le reste la moindre importance.

La Dorothée était déjà dehors, parlementait avec le fermier dont la cour n'était séparée de la maison de maître que par une grille de bois, et le fermier, qui tenait à être bien avec le nouveau maître, s'empressa de répondre :

— Je vais donner une corbeillée d'avoine à mon cheval.

— Est-ce que monsieur conduira ?

— Je conduirai bien, moi, dit la Dorothée. Les chevaux, ça me connaît, j'ai été élevée dedans...

Une heure après, cahin-caha, tenant quartier pour éviter les ornières, et n'y réussissant pas toujours, tantôt enfonçant dans la boue jusqu'au moyeu des roues, tantôt faisant des tours de force d'équilibre à donner le vertige, la servante et le maître suivaient une de ces belles et magistrales lignes de forêt qui font regretter le plus humble chemin de traverse, où en hiver, par les temps doux, les chasseurs se crottent jusqu'à l'échine et cassent de temps en temps une jambe à un cheval, quand il gèle dûr.

Mais Dorothée avait eu raison de dire qu'elle connaissait les chevaux.

Elle vous conduisait la carriole avec l'aplomb et la hardiesse d'un maquignon de campagne.

De temps en temps, quand la ligne forestière bordait une jeune vente au lieu d'une futaie, elle passait le fossé en biais et trottait au bord, de l'autre côté.

Le cheval passait partout, la carriole aussi.

— Hue! hue! disait la Dorothée en frappant le malheureux bidet sur l'arrière-train avec le manche du fouet.

En allant de ce train-là, on eut atteint la Renardière avant dix heures du matin.

La Martine fronça ses noirs sourcils en voyant reparaître son frère.

Mais le Mulot lui fit son meilleur accueil et lui dit :

— Sans la Dorothée, tu ne m'aurais pas vu aujourd'hui.

La Dorothée se chargea d'expliquer comment M. Maurel, par pure obligeance, avait consenti à passer par la Renardière et à faire un détour; alors qu'il allait à Chemault.

— Et qu'est-ce que tu vas faire à Chemault? demanda la Martine.

— Je vais acheter un couple de bassets, répondit le Mulot.

La Martine passa la main sur la croupe du bidet attelé à la carriole.

— Ça n'a pas de bon sens, dit-elle, de mener les bêtes un pareil train.

— Il a trop de cœur, dit la Dorothée.

Et le fouet est peut-être un peu lourd, observa sèchement la nouvelle châtelaine.

La Dorothée, qui avait passé dix années de sa vie à trembler devant la Martine, ne répondit pas. La Martine s'adressa à son frère :

— Si tu veux aller à Chemault, dit-elle, faut que tu ailles prendre la route de Nibelle, si tu vas en carriole.

Tu ferais mieux de prendre un cheval ici, et de continuer ta route à selle; le bidet se reposerait.

— Je veux bien, dit le Mulot.

— Est-ce que tu coucheras à Chemault?

— Pour sûr.

— Alors demain tu repasseras par ici, et tu reprendras Dorothée, le bidet et la carriole.

— Ça va, fit le Mulot.

Michel, qui était devenu le serviteur le plus

humble de la Martine, sella à M. Maurel, tandis qu'il déjeunait, le cheval de chasse de feu le commandant Richaud.

Tout en déjeunant, le Mulot parla de choses et d'autres, mais il ne souffla pas un mot du château de Saint-Florentin et de ses projets d'acquisition.

La Martine lui dit :

— Voici que tu as vingt-cinq ans, est-ce que tu ne songes pas à *t'établir?*

— Ça dépend, répondit-il.

— Tu devrais profiter d'une occasion que j'ai sous la main.

— Qui donc ça? demanda le Mulot avec indifférence.

— La fille au père Vincent, le fermier des Chenevières ; elle a quarante mille francs, écus sur table; je crois bien qu'on te la donnerait.

— J'ai mieux que ça, répondit le Mulot.

— Qui donc?

— Ça me regarde... on verra plus tard...

Et le Mulot ne voulut pas s'expliquer davantage.

La Martine n'insista pas, mais elle fronça de nouveau ces noirs sourcils qui avaient fait trembler si souvent le pauvre commandant.

Le Mulot prit un copieux verre de rhum,

embrassa son neveu et sa sœur, recommanda à la Dorothée de se tenir prête à partir le lendemain à la première heure, et mit le pied à l'étrier, après avoir placé la crosse de son fusil dans un talon de cuir suspendu à l'arçon de la selle. Puis on le vit sortir de la Renardière et disparaître au petit galop de chasse dans une allée forestière.

Alors la Martine dit à la Dorothée :

— Monte dans ma chambre, j'ai à te parler.

La Dorothée ne put s'empêcher de frissonner.

Jamais elle ne s'était trouvée en tête-à-tête avec la Martine, sans éprouver un certain malaise.

La Martine l'enferma avec elle et lui dit :

— J'entends être au courant de ce que mon frère a fait à Saint-Florentin depuis huit jours, je ne t'ai pas mise auprès de lui pour autre chose.

La Dorothée, qui d'abord avait eu peur, asquiesça avec empressement aux volontés de la Martine.

Elle raconta de point en point, et même heure par heure, toute l'existence du Mulot à Bellevue.

Il allait beaucoup au café. La veille, il avait

fait toilette, il avait fait visite à M. Anatole de Misseny.

— Après? dit froidement la Martine.

Dorothée n'eut garde d'oublier la Chevrette.

La Martine n'avait jamais connu que très-imparfaitement la liaison de son frère avec cette fille des bois.

Mais les détails que lui donna la servante, laquelle s'étendit longuement sur l'attitude très-humble de M. Maurel, qui ne paraissait pas être dans ses petits souliers et avait fini par supporter la Chevrette près de vingt-quatre heures, lui donnèrent à penser.

— C'est bien, lui dit-elle, tu peux t'en aller. Va-t'en à la cuisine dîner avec les autres, et prends tes frusques, nous partons ce soir.

— Plaît-il? demanda la Dorothée un peu étonnée.

— Nous partons ce soir, répéta la Martine avec ce ton du commandement qui lui était familier.

— Mais où allons-nous?

— A Saint-Florentin.

— Cependant, madame, observa la Dorothée, vous savez bien que M. Maurel ne doit revenir que demain.

— Je le sais.

— Et qu'il passera ici pour me prendre.

— Eh bien! on lui dira que tu es partie ce soir, voilà tout, répondit la Martine d'un ton qui n'admettait pas de réplique.

....

Le soir, en effet, comme la brume arrivait, la carriole du fermier était prête, et la Martine y montait, auprès de la Dorothée, assise sur sa malle.

Comme la Martine sortait de la cour, elle dit à Michel :

— Tu prendras la voiture, tu gagneras la route impériale de Fay-aux-Loges, et tu iras m'attendre, à minuit, à la porte de Saint-Florentin.

— C'est entendu! dit Michel.

La Dorothée ne comprenait rien à tous ces ordres bizarres. Mais la Martine n'était pas une femme à qui on pût demander des explications.

Trois heures plus tard, la Martine et elle arrivaient à Bellevue.

La Martine tira sa montre, — car elle avait une montre, à présent, — et grâce au fanal de la carriole, elle constata qu'il était neuf heures.

Les fermiers étaient couchés.

— Remise le cheval comme tu pourras, dit la Martine, et donne-moi les clefs de la maison.

Dorothée obéit.

La Martine entra dans la cuisine, et, comme elle avait froid, elle se fit du feu.

Puis elle attendit que la Dorothée eût rangé la carriole sous la remise et le cheval dans l'écurie.

Quand celle-ci revint, la Martine lui dit :

— Tu me connais ? dit-elle.

— Oh ! fit la Dorothée en tremblant.

— Je tiens toujours ce que j'ai promis.

— Je le sais bien, murmura la servante.

— Le jour où il me plaira de te faire du bien, je t'en ferai, et cela dépend de toi.

— Madame est bien bonne, murmura la Dorothée.

— Le jour où je voudrai te faire du mal...

— Oh ! madame... vous savez bien que je vous suis dévouée.

— Il faut me le prouver.

— Que dois-je faire ?

— Demain, quand mon frère reviendra, tu lui diras que t'ayant offert de te faire reconduire, tu es revenue pour ne pas laisser la maison seule.

— Faudra-t-il lui dire que je suis revenue avec vous ?

— Au contraire, tu te garderas bien de lui en souffler un mot.

La Dorothée fit un signe de tête affirmatif.

— Où couche mon frère ?

— Au premier, dans la chambre qui a un papier jaune.

— Sais-tu s'il emporte la clef de son secrétaire ?

— Je ne sais pas.

— Bon ! pensa la Martine, je la trouverai.

La Dorothée prenait une lampe pour éclairer la châtelaine de la Renardière.

— C'est inutile, dit celle-ci, tu peux aller te coucher.

Dorothée obéit et monta à la chambre.

Alors la Martine se dit :

— Quand je devrais démolir la maison, il faudra bien que je retrouve ce qu'il dit avoir brûlé, et ce qu'il garde, le misérable ! afin de me soutirer de l'argent.

Sur ces mots, la Martine s'empara d'un flambeau, verrouilla la porte de peur d'être dérangée, et monta à la chambre du Mulot, ajoutant :

— Si je ne retrouve pas la clef du secrétaire, je briserai la serrure...

Après, il dira ce qu'il voudra !

CHAPITRE XXVI

Cependant le Mulot s'en était allé à Chemault.

Chemault est un hameau forestier plutôt qu'un village.

Çà et là, au nord de la forêt, se dressent des fermes qui, la plupart, appartiennent à des bourgeois des environs.

Celle où se rendait le Mulot se nommait *les Broutilles*.

Elle appartenait à M. de Saint-Jullien et était tenue à bail depuis plus de cent ans, et de père en fils, par d'honnêtes cultivateurs qu'on appelait les Jaubert.

Le grand-père du Jaubert actuel avait racheté, en 1793, pour mille écus d'argent, la ferme des Broutilles, vendue comme bien national.

Puis, la Terreur passée, il l'avait restituée au grand-père de M. de Saint-Jullien, dont nous avons eu occasion de parler dans *les Mémoires d'un gendarme*, et qui vivait avec sa gouvernante.

Les hommes dégénèrent.

Autant le grand-père était grand seigneur, désintéressé, et même prodigue, autant le M. de Saint-Jullien actuel était mesquin et avare.

Il n'avait pas osé renvoyer ces gens, qui lui avaient honnêtement conservé une ferme de plus de soixante-dix mille francs, mais il les avait successivement augmentés à chaque fin de bail.

Si bien qu'à cette heure, le revenu n'était plus en rapport avec le fermage, et que le père Jaubert se trouvait en retard de près de trois années, près d'une douzaine de mille francs.

Mais il était né dans la ferme, son père et son grand-père y étaient morts.

Il avait consenti à tout, pour ne pas être expulsé.

D'un autre côté, M. de Saint-Jullien, qui

depuis une dizaine d'années s'était mis en tête de faire valoir toutes ses terres, avait fait un calcul.

Jaubert avait un bel outillage, trois charrues, un troupeau considérable, une vingtaine de vaches qui ne lui coûtaient rien, car, en vertu d'un vieux droit d'usage qui s'était perpétué, la ferme des Broutilles avait droit de pacage dans la forêt.

M. de Saint-Jullien s'était dit :

— Quand Jaubert sera assez arriéré pour ne jamais plus pouvoir payer, je le ferai vendre et je profiterai de son outillage.

Ce calcul expliquait la mansuétude apparente du maître qui consentait à recevoir, sous toute réserve, l'intérêt des sommes en retard.

Mais, un beau matin, M. de Saint-Jullien s'était démasqué. Il avait envoyé aux Broutilles une manière de maître Jacques qui avait signifié à Jaubert que le maître voulait être payé

Le Jaubert d'alors était un homme d'environ soixante ans, encore très-vert, excessivement travailleur, et qui, si élevé que fût son fermage, se fût certainement tiré d'affaire, sans trois mauvaises récoltes successives.

Il avait trois fils et deux filles. Sa femme était aveugle.

L'aîné de ses fils sortait du service. La plus jeune de ses filles allait se marier. Elle devait épouser un cultivateur de Nibelle qui avait quelque bien et avait même promis de tirer son beau-père d'embarras.

La visite du maître Jacques de M. de Saint-Jullien fut un véritable coup de foudre.

Or, cette visite avait eu lieu quelques heures avant l'arrivée du Mulot.

Le père et les fils se regardaient consternés.

— Il n'y a pas à dire, murmurait le pauvre père, si *monsieur* veut être payé, nous serons obligés de nous en aller.

Le fils aîné dit :

— J'ai bien une idée, moi. J'ai bonne envie de me réengager. On me donnera trois mille francs. Peut-être bien que monsieur consentira à recevoir cet à-compte, et qu'il donnera du temps pour le reste.

— A savoir, dit le père Jaubert en secouant la tête. Monsieur n'est pas comme défunt son pauvre père, tant s'en faut. Une fois qu'il s'est mis à réclamer son argent, faut qu'il soit payé....

— Mais, père, dit le second fils, si nous voulions être payés, nous aussi. Il y a des gens qui nous doivent de l'argent.

— Tais-toi, mon garçon, dit la vieille mère aveugle, assise au coin du feu, je sais bien de qui tu veux parler... mais...

— Et pourquoi donc, fit Anselme, le deuxième fils du fermier, puisque chacun réclame son dû, ne réclamerions-nous pas le nôtre?

— Tais-toi! dit encore la vieille.

— J'aimerais mieux m'en aller d'ici, dit le père Jaubert, que de réclamer à M. Anatole les six mille francs qu'il nous doit, et dont il paye si régulièrement les intérêts.

Le fils grommela quelques paroles de mécontentement, mais il n'insista pas.

Comment le père Jaubert, qui ne pouvait parvenir à se mettre au courant de son fermage, était-il créancier pour une somme de six mille francs de M. Anatole de Misseny?

C'était là une touchante histoire que nous allons raconter en peu de mots.

La mère Jaubert, celle-là même qui était aveugle maintenant, était plus âgée que son mari de cinq à six ans.

Elle était née à Saint-Florentin, dan le château, et elle était la sœur de lait de feu M. de Misseny, le père de M. Anatole.

Le grand-père de ce dernier, qui avait encore alors une certaine aisance avait constitué, il y avait plus de soixante ans, une dot de mille écus à la sœur de lait de son fils.

Marianne, c'était son nom, était demeurée au château. La sœur de lait, devenue servante, avait près de trente ans lorsqu'elle se maria.

Hélas! le grand-père de M. Anatole était mort. La gêne était arrivée peu à peu dans la maison, et il eût été difficile, pour ne pas dire impossible, de payer les mille écus qui, par la composition des intérêts, avaient doublé, sans vendre une terre quelconque.

Marianne ne réclamait pas son argent; mais le père de M. Anatole était d'une probité rigoureuse; il voulut que la dette fût reconnue, que le mari de sa sœur de lait prît hypothèque sur les biens, et il s'engagea à payer les intérêts.

Il y avait de cela près de trente ans.

M. Anatole, qui savait aussi bien que son père combien cette dette était sacrée, payait les intérêts avec une grande ponctualité.

Seulement, il dormait tranquille, car il savait bien que jamais on ne lui réclamerait le capital.

M. Anatole avait raison de compter sur la délicatesse de Jaubert, comme on a pu en juger aux paroles échappées à la vieille Marianne.

Ce fut donc, pendant que la malheureuse famille au désespoir cherchait un moyen de parer le coup terrible qui la menaçait, que le Mulot arriva.

Le Mulot avait pris un prétexte des plus plausibles pour se présenter à la ferme.

Les Jaubert étaient chasseurs ; ils élevaient depuis longues années une race de bassets à jambes droites qui jouissaient d'une grande réputation.

Le Mulot savait cela et bien d'autres choses encore.

Le hasard avait voulu qu'à une lieue de la ferme, au poteau des huit routes, il rencontrât le maître Jacques de M. de Saint-Jullien.

Le Mulot et lui se connaissaient.

Le Mulot lui dit qu'il allait voir si le père Jaubert avait une paire de bassets à lui vendre.

Le maître Jacques se mit à rire et répondit que le père Jaubert en avait quatre et qu'il les donnerait pour ce qu'on voudrait, tant il avait besoin d'argent.

Puis, comme l'infortune d'autrui est toujours pour certaines gens un agréable sujet de conversation, cet homme, qui était méchant, raconta au Mulot le malheur qui menaçait les Jaubert.

Le Mulot, qui avait son idée, l'écoutait avec extase, puis quand le maître Jacques eut fini :

— Eh bien ! dit-il, je vas tâcher d'avoir les bassets et de faire une bonne affaire.

Et il piqua des deux vers la ferme.

Il y a loin de Chemault à la Renardière.

Les Jaubert ne connaissaient pas le Mulot; ils en avaient à peine entendu parler.

Le Mulot était bien couvert, il avait un beau cheval, on lui fit un aussi bon accueil que le comportait la circonstance, car les femmes avaient les yeux rouges et les hommes la mine assombrie.

Néanmoins, le père Jaubert le conduisit au chenil et lui montra les bassets, tandis que l'un de ses fils conduisait le cheval à l'écurie.

Les bassets étaient superbes.

— Combien en voulez-vous? demanda le Mulot.

— Les quatre valent-ils bien pour vous deux cents francs? répondit le fermier. Je vous les donnerai à l'essai tout le temps que vous voudrez.

Le Mulot avait des raisons pour ne pas marchander.

— Vous pouvez me les amener demain, dit-il; votre argent sera prêt.

Quand il le voulait, le Mulot savait se donner un certain air de rondeur.

Lui qui déplaisait généralement, il sut plaire à ces bonnes gens.

On lui offrit de manger un morceau.

Il accepta.

Puis il sut faire des questions adroites et il parvint à faire convenir les pauvres gens de leur embarras extrême.

Le deuxième fils du fermier revint encore avec une certaine obstination sur la créance de M. Anatole de Misseny, créance qui était exigible.

C'était ce que le Mulot attendait.

— Hé! dit-il, mais il y a un moyen de vous tirer d'affaire.

— Lequel? demanda vivement le fermier.

— Vous pouvez transporter votre créance.

— L'argent est rare, dit le vieux Jaubert en secouant la tête.

— Ça dépend...

Et le Mulot parut réfléchir.

Puis il dit tout à coup :

— Vous êtes de braves gens. Justement je connais quelqu'un qui cherche à faire un placement de fonds.

Le condamné qui va gravir les degrés de l'échafaud et à qui on apporte la grâce n'éprouve pas une émotion plus vive que celle qui s'empara, à ces paroles, du fermier et de sa famille.

Le Mulot continua avec une feinte bonhomie :

— Ce quelqu'un, c'est moi. J'ai une dizaine de mille francs à placer. De combien est votre créance ?

— De six mille.

— Je puis bien acheter votre créance pour vous obliger.

Les intérêts sont bien payés, n'est-ce pas ?

— Oh ! pour ça, oui...

— Mais, monsieur, dit la vieille aveugle, c'est que nous ne voudrions pas faire arriver du malheur à ce pauvre M. Anatole.

— Soyez sans crainte, ma bonne femme. Quand mon argent est bien placé, je ne le réclame jamais.

Le misérable avait su donner à sa voix un tel accent de franchise, que les Jaubert tombèrent à ses genoux en l'appelant leur sauveur.

— Mes amis, dit-il encore d'un ton protecteur, puisque c'est chose convenue, autant en finir tout de suite. Combien de lieues d'ici Bois-Commun ?

— Une petite.

— Eh bien, allons à Boiscommun, chez le notaire, père Jaubert; vous me ferez un transport en bonne forme, et dans huit jours vous aurez votre argent.

....

Une heure après, le Mulot chevauchant, le père Jaubert marchant auprès de lui un bâton à la main, prenaient le chemin de Boiscommun.

Le vieillard croyait qu'il s'agissait d'un simple transport, et considérait le Mulot comme sa providence.

Le Mulot dissimulait sa joie et murmurait :

— Je crois que d'ici un mois je ferai passer un vilain quart d'heure à M. Anatole, et nous verrons bien s'il me rira toujours au nez.

CHAPITRE XXVII

Le transport de la créance fut fait en bonne forme chez le notaire.

Cet officier ministériel, qui était un homme simple et droit, ne vit dans cet acte qu'une chose : un excellent placement de fonds que faisait le Mulot, en même temps qu'un service qu'il rendait au père Jaubert.

Le notaire savait, en outre, que le commandant Richaud avait laissé non-seulement une belle fortune en terres, mais encore une somme assez considérable en capitaux.

Il était donc tout naturel que les héritiers eussent des fonds à placer.

Ensuite, il aurait fallu une certaine dose

d'astuce et de malveillance pour supposer que le Mulot ne se faisait transporter cette créance que pour chagriner M. Anatole de Misseny, qui était généralement aimé dans toute la contrée.

Le notaire n'avait pas l'esprit assez machiavélique. Il fit le transport de la créance sans penser à mal, et il fut convenu qu'il tiendrait e titre à la disposition du Mulot, contre payement d'une somme de six mille francs, qu'il s'engagea à venir verser dans la huitaine.

Il était à peine six heures du soir lorsque le père Jaubert, radieux, et le Mulot, non moins satisfait intérieurement, bien qu'ils ne laissât rien paraître de sa joie, sortirent de l'étude du notaire.

Quand les paysans ont fait un marché ou passé un acte quelconque, ils ont pour habitude de dîner ensemble au cabaret le plus voisin.

Le Mulot emmena donc Jaubert à l'auberge de Bois-Commun et se fit servir à dîner. Le pauvre fermier pleurait de joie. Il était sauvé!

Tout en mangeant et versant force rasades à son hôte, le Mulot agitait dans son esprit une question qui avait bien son importance.

Retournerait-il coucher à la ferme des Jaubert, ou bien prendrait-il tranquillement la route de Bellegarde à Saint-Florentin, et s'en irait-il tout droit chez lui ? Aller coucher à la Renardière était une chose à laquelle il ne fallait pas songer, vu l'éloignement d'abord, et ensuite le mauvais état des chemins de forêt.

Si le Mulot prenait le parti de repasser par la Renardière pour aller à Saint-Florentin, il fallait absolument coucher à la ferme des Broutilles.

Or cela souriait fort peu au Mulot, depuis qu'il avait conclu l'affaire.

Il craignait de trahir sa joie, de donner ainsi des soupçons aux femmes de la ferme, toujours plus clairvoyantes que les hommes, et, par conséquent, de les mettre en mesure de prévenir M. Anatole.

La route de Bellegarde à Saint-Florentin, qui passait tout près de Bois-Commun, était, par contre, une très-belle route bien entretenue et sur laquelle un cheval comme celui de feu le commandant Richaud ferait sans se gêner ses quatre lieues à l'heure.

Il y en avait huit de Bois-Commun à Saint-Florentin.

C'était donc un trajet de deux heures environ.

Le Mulot opta pour ce dernier parti, se disant

— Ça ne m'empêchera toujours pas d'aller

à la Renardière demain matin, d'autant plus qu'il faut que la Martine crache ses six mille francs.

A huit heures précises, le Mulot serrait donc la main au père Jaubert qu'il avait quelque peu poussé à la boisson et qui reprenait en titubant le chemin de sa ferme.

Puis il sautait en selle et lançait le vieux cheval de chasse à fond de train dans la direction de la route de Bellegarde.

En chemin, deux sentiments occupèrent exclusivement l'esprit du Mulot.

Le premier était un sentiment de naïve admiration pour Mlle Paumelle.

La beauté de Mignonne avait fait sur le misérable une impression violente et profonde.

Un rayon de soleil était descendu du ciel dans les fanges obscures de cette âme vile.

Le deuxième sentiment qui le posséda fut un sentiment de haine jalouse à l'adresse de M. Anatole de Misseny.

Il devinait en lui un rival.

Ensuite il le haïssait instinctivement de cette haine sourde et violente de l'insecte pour le papillon.

Ce fut la tête ivre de vengeance et le cœur tout frémissant d'amour, qu'il arriva à Saint-Florentin.

En passant devant le château, il lui montra le poing.

Puis il songea à aller, comme la veille, errer sous les fenêtres de Mignonne.

Seulement, auparavant, il voulut mettre le cheval à l'écurie, et il prit le petit sentier qui conduisait à Bellevue.

Mais à peine était-il dedans qu'il s'arrêta tout surpris.

Il avait vu de la lumière aux croisées du premier étage.

Or, il avait laissé Dorothée à la Renardière; et qui donc, autres que des voleurs, pouvaient être chez lui?

Le Mulot mit pied à terre.

Au lieu de faire entrer son cheval dans la cour, il l'attacha à un arbre, au bord du chemin.

Puis, s'emparant du fusil qui pendait à l'arçon de la selle, il s'avança sur la pointe du pied jusqu'à la claire-voie de l'enclos.

La claire-voie était ouverte.

Il entra sans faire plus de bruit, personne ne bougea dans la maison.

Comme il faisait clair de lune, il put jeter un coup d'œil dans la cour de la ferme.

Ce fut avec un soupir de satisfaction qu'il

constata que la carriole du fermier était sous la remise.

Dorothée était donc revenue?

Le Mulot fut sur le point de l'appeler et en même temps de retourner détacher son cheval pour l'amener dans la cour.

Mais un soupçon rapide comme l'éclair traversa son esprit.

La lumière partait des croisées de sa chambre.

Qu'est-ce que Dorothée pouvait y faire, sinon fouiller dans son secrétaire, un vieux *bonheur du jour* acheté avec le mobilier de la maison, et dont il cachait la clef sous un des vases de fleurs de la cheminée?

Le Mulot n'était pas d'une moralité assez robuste pour croire à la vertu chez les autres.

— La gueuse, pensa-t-il, aura trouvé un prétexte pour revenir, et comme elle me croit à Chenault, comme elle s'imagine que j'ai mon argent là-haut, elle retourne les tiroirs.

Je vas lui flanquer une rude tripotée.

Pensant ainsi, le Mulot s'avança sans bruit vers la porte.

Il avait une clef, Dorothée avait l'autre.

Il ouvrit sans bruit, entra dans la cuisine sans lumière, marchant toujours sur la pointe du pied, et laissa son fusil dans un coin.

Puis il gagna l'escalier et, pour plus de précautions, il ôta ses bottes.

Il voulait surprendre Dorothée en flagrant délit.

Il gravit donc l'escalier, atteignit le corridor qui régnait au premier étage et au fond duquel se trouvait la porte de la chambre.

Cette porte était fermée ; mais la clef était en dehors dans la serrure.

Le Mulot la tourna brusquement et entra tout d'un coup en s'écriant :

— Ah! je te pince, coquine!

Mais il s'arrêta stupéfait sur le seuil.

Son secrétaire était ouvert ; un désordre impossible à décrire régnait dans toute la chambre.

On avait fouillé les placards, bouleversé les meubles, retourné la paillasse et les matelas.

Une femme qui se trouvait debout devant le secrétaire s'était vivement retournée au bruit qu'avait fait la porte en s'ouvrant.

Et cette femme était non moins stupéfaite à la vue du Mulot.

C'était la Martine.

La Martine ne put se défendre d'un premier mouvement de crainte.

Le Mulot, au contraire, eut en ce moment, une prodigieuse dose de sang-froid, car il s'écria :

— Hé, dis donc, si j'allais chercher les gendarmes, que dirais-tu ?

Puis il éclata de rire, ajoutant :

— T'es maline, c'est bien sûr ! et c'est pas la peine de te demander pourquoi tu es ici.

La Martine retrouva son caractère altier et fougueux.

— Je suis ici parce que ça me plaît, dit-elle.

— Tu es chez moi, pourtant.

— Ça n'est pas vrai, c'est moi qui ai payé cette maison.

Le Mulot riait toujours.

— Ça n'est pas la peine non plus, dit-il, de te demander ce que tu cherches ?

Et il ricanait de plus belle.

La Martine eut un accès de fureur.

Et, les deux poings fermés, l'œil en feu, elle s'avança vers son frère en lui disant :

— Eh bien, oui, c'est *ça que je viens chercher*.

— Cherche ! et... apporte ! dit le Mulot qui se jeta, riant toujours, dans un fauteuil.

La Martine continua :

— Je suis venue pour l'avoir et je l'aurai !...

Et comme le Mulot ne se départait point de

son ironie, elle le prit au collet et le secoua vivement.

— Il me le faut! répéta-t-elle, il me le faut! entends-tu ?

— Mais, puisque je l'ai brûlé...

— Tu mens, misérable!

Et elle le secouait à l'étrangler.

Mais le Mulot se dégagea en un tour de main, et comme il était fort, il dit avec calme :

— Si tu veux jouer ce jeu-là, nous allons voir !

La Martine comprit que dans une lutte corps à corps, elle aurait le dessous.

Et se calmant à son tour :

— Voyons! dit-elle, il faut en finir. Où est-il?

— Je l'ai brûlé, répéta le Mulot.

— Si tu l'avais brûlé, dit la Martine, tu ne m'aurais pas demandé hier de l'argent aussi insolemment.

— Bah! dit le Mulot, tu crois si bien que je l'ai brûlé que tu m'as refusé et envoyé promener.

— Eh bien, si je te donne cet argent...

— Tiens! ricana le Mulot, voilà que tu deviens bonne fille. Jasons donc encore un peu.

Et il s'assit de nouveau.

La Martine paraissait résolue à obtenir ce

qu'elle voulait, au prix des plus grands sacrifices.

— Parle, dit-elle, que veux-tu?

— Oh! peu de chose, pour le moment.

— Voyons?

— J'ai acheté une créance... première hypothèque... de l'argent sûr. Il me faut six mille francs.

— Quand?

— D'ici trois jours.

— Tu les auras. Après?

— Après, je verrai.

— Mais tu rendras ce que tu sais.

— Tu ne veux donc pas croire que je l'ai brûlé?

— Non.

— Eh bien, cherche-le... A ta place, je démolirais la maison.

Et le Mulot se reprit à rire.

La Martine était effrayante à voir.

— Voyons, dit le Mulot, ne fais pas la bête. Tu sais bien que je ne suis pas capable de te faire du mal... Mais enfin, tu me dois une jolie chandelle... Qu'est-ce qu'il a laissé, ton homme? huit cent mille francs... et tu me marchandes...

— Il faut que je pense à mon fils.

— Elle est forte, celle-là! Et si tu étais

obligée de partager avec la demoiselle, hein?

Cette raillerie apaisa encore une fois la Martine.

— Tu veux six mille francs? dit-elle.

— Oui, d'abord.

— Et après?

— Après? je n'ai pas encore d'idée... nous verrons.

— Mais tu me rendras ce que tu sais...

— Oui... plus tard... on verra...

La Martine comprit qu'elle n'avait rien à obtenir de son frère par la violence.

— Viens demain, dit-elle, je te donnerai les six mille francs.

Le Mulot se jeta à son cou et l'embrassa en lui disant d'un ton hypocrite :

— Je savais bien que tu étais une bonne sœur.

Et il continua à rire.

La Martine quitta le Mulot la rage au cœur, mais singulièrement radoucie en apparence.

— Il faudra pourtant, murmura-t-elle, que je trouve un moyen de le tenir...

Et ce fut en faisant des serments terribles au fond de son cœur qu'elle remonta dans la voiture que Michel venait de lui amener à l'autre bout du village de Saint-Florentin.

CHAPITRE XXVIII

Il est un personnage de notre récit que nous avons un peu perdu de vue et qui a cependant son importance. Nous voulons parler de Bigorne, le sacristain mal bâti, aux cheveux roux, le *dératé*, comme on l'appelait.

Bigorne avait un goût très-prononcé, en dehors de ses fonctions semi-ecclésiastiques, pour le jardinage. Il avait passé deux années, dans sa jeunesse, chez le jardinier du château de C..., et il avait appris son art, comme il disait.

Depuis qu'il était au service du curé Duval, Bigorne ne cessait de se plaindre de la mauvaise exposition du jardin qui dépendait du presbytère, de la qualité inférieure de la terre, et il disait fréquemment :

— Si nous avons envie de manger des petits pois, il faut attendre au mois de juillet.

Le curé écoutait les plaintes du sacristain-jardinier en souriant et répondait :

— Je ne puis pourtant pas demander un autre jardin au conseil municipal qui a déjà bien de la peine à voter cent francs par an pour réparer la toiture du presbytère.

— Ce qui n'empêche pas, répondait Bigorne d'un ton bourru, qu'il pleut à plein temps dans le grenier.

Mais, un matin, Bigorne avait changé de langage, de physionomie et d'attitude.

Comme il sortait de l'église où il avait servi la messe, il dit au curé :

— Le jardin de la maison d'école, à la bonne heure ! voilà un jardin !

— Vraiment? dit le curé en souriant.

— En plein midi, bien abrité, avec de la terre à y planter des ananas, tant elle est bonne.

— Eh bien! répondit le curé, demande à Mlle Paumelle si elle veut te prendre pour jardinier.

— C'est déjà fait, dit Bigorne, et la demoiselle et moi nous sommes d'accord.

— Hein? dit le curé.

— Je commence à travailler demain, et vous

verrez comme je vous remuerai ça de fond en comble.

— Alors, dit l'abbé Duval, tu résignes sans doute tes fonctions de sacristain; et puis, comme Mlle Paumelle n'est pas riche, tu entres à son service pour le simple amour de la gloire ?

— Mais non, dit Bigorne, je resterai sacristain.

— Mais tu n'es plus mon jardinier?

— Au contraire.

— Tu n'as pourtant pas le temps de cultiver deux jardins à la fois.

— Oh! pour ce qui est du vôtre, dit Bigorne avec un accent de dédain suprême, je vais joliment le laisser en jachère. Mais je ferai votre jardinage chez la demoiselle.

— Je ne comprends toujours pas, dit le curé.

— Vous allez voir, reprit Bigorne. La demoiselle n'a pas besoin d'un si grand jardin, je lui en ai loué la moitié.

— Et avec quoi payeras-tu cette location, mon Bigorne?

— Avec mon travail, donc! je cultiverai sa part et la nôtre, je lui ferai venir de beaux légumes et de belles fleurs, et tout le monde y trouvera son compte.

Le curé ne vit aucun inconvénient à cette combinaison, et il y consentit.

Mons Bigorne se mit au travail.

Il dessina le jardin, le retourna, le fuma, et lorsque Mlle Paumelle lui eut appris, rougissant un peu, que M. Anatole de Misseny lui avait offert des oignons de tulipe, il s'écria :

— Pour ce qui est de cela, mademoiselle, il faut les prendre, car c'est un fait que les tulipes du château sont les plus belles qu'on puisse voir.

Et comme le lendemain les tulipes n'étaient pas encore venues, Bigorne, dans son impatience, s'en alla au château les réclamer.

M. Anatole était à la chasse.

Mais la vieille demoiselle s'était fait rouler dans son fauteuil au milieu du jardin, à l'abri d'un mur, pour y jouir d'un de ces pâles rayons de soleil d'hiver qu'aiment les vieillards.

Bigorne était au mieux dans les papiers de Mlle de Misseny. Cela tenait à ce que, le dimanche, quand la pauvre infirme allait à la messe dans une espèce de petite voiture traînée par un garçon de ferme, Bigorne venait à la porte de l'église et offrait ses services.

Mlle de Misseny, alors appuyée sur l'épaule de son neveu d'une part et sur celle de Bigorne de l'autre, gagnait tant bien que mal l'antique banc seigneurial, qui était encore à sa place en dépit de trois révolutions.

Bigorne était plein de déférence et de respect et avait pour Mlle de Misseny une foule de petits soins.

Aussi, quand par hasard il allait au château, il était admirablement bien reçu.

— Toi! mon garçon, dit la vieille demoiselle en le voyant entrer, de quoi s'agit-il? Comment va M. le curé? Tu voulais peut-être voir mon neveu?

— Oui, mademoiselle, répondit Bigorne qui tenait respectueusement sa casquette à la main.

Et Bigorne exposa le motif de sa visite.

— On m'en a parlé de votre nouvelle maîtresse d'école, reprit la vieille dame. N'est-ce pas cette jeune fille qui a été déshéritée par son oncle?

— Oui, mademoiselle.

— Pauvre petite! on m'a conté ça tout au long... Du reste, la chose a fait grand bruit... Comment est-elle, cette Mignonne?

Bigorne n'était pas un peintre; cependant il fit de Mlle Paumelle un portrait fort ressemblant et fort attrayant.

Il vanta sa vertu, sa douceur, glissa sur sa

beauté, comme il convient à un homme qui est à moitié d'église et qui ne doit point se connaître à ces choses-là, et s'entretint longuement sur les petits talents d'agrément de la jeune fille.

Elle était musicienne, comme Mlle de Misseny pourrait en juger le dimanche suivant, car elle devait toucher de l'orgue à la grand'-messe.

Elle avait de véritables doigts de fée, et les travaux à l'aiguille les plus compliqués n'étaient qu'un jeu pour elle, témoin une nappe d'autel au plumetis qu'elle brodait pour l'église, qui avait fait l'admiration de toutes les dévotes de Saint-Florentin qui avaient vu commencer ce travail.

Mlle de Misseny, religieuse dans sa jeunesse, avait eu tous ces talents-là.

Elle avait même été la perle de son couvent pour tous les ouvrages à aiguille, et longtemps après qu'elle était rentrée dans sa famille, elle avait continué à broder et à faire de la tapisserie ; malheureusement, depuis quelques années, ses yeux lui faisaient défaut.

Elle n'y voyait plus assez clair pour continuer un travail entrepris par elle depuis de longues années, un meuble de salon au point des Gobelins, qu'elle avait été obligée d'abandonner aux trois quarts de son œuvre, et dont chaque fauteuil, chaque siége portait au dossier l'écusson des Misseny.

Longtemps elle avait espéré pouvoir achever son œuvre, qu'elle réservait, dans sa pensée, au *jeune ménage*.

La bonne demoiselle n'avait jamais eu le moindre doute à cet égard :

Anatole se marierait et épouserait une riche héritière.

On pense bien que ce que lui disait Bigorne fut pour elle comme une révélation.

Puisque la petite maîtresse d'école était si adroite, pourquoi ne lui confierait-elle pas l'achèvement de son travail?

Puisqu'elle était si douce, si modeste, si bien élevée, pourquoi ne viendrait-elle pas de temps en temps, après sa classe, tenir compagnie à la vieille demoiselle du château?

Il est vrai que lorsqu'elle fit naïvement cette confidence à Bigorne, si le bon sacristain eût été plus perspicace, il eût pu lui répondre que Mlle Paumelle était fort jolie et qu'elle pourrait bien tourner la tête à M. Anatole.

Mais Bigorne ne fit pas cette réflexion, et Mlle de Misseny qui rêvait une héritière pour son neveu, ne songea même pas que celui-ci pût regarder, même d'un œil complaisant, une demoiselle Paumelle devenue maîtresse d'école.

Bigorne s'en alla donc emportant les oignons de tulipe et chargé de transmettre l'invitation à Mlle Paumelle.

Mignonne rougit plus fort encore, lorsque le sacristain eut débité sa harangue.

Il faut même dire à sa louange qu'elle se débattit longtemps, se retranchant derrière cette raison excellente qu'elle avait beaucoup d'écoliers, en hiver surtout, et fort peu de temps à elle.

A quoi Bigorne répondit que Mlle de Misseny était une personne fort respectable et qu'on ne pouvait pas lui refuser le petit service qu'elle demandait.

Néanmoins, la jeune fille dit à Bigorne qu'avant d'aller au château elle demanderait avis au curé.

Bigorne, qui tenait essentiellement à se ménager les bonnes grâces de la vieille demoiselle, recommença dès le soir même la même antienne auprès du curé, et le curé n'y voyant pas malice et, tout au contraire, enchanté que sa chère petite protégée fût reçue au château, s'empressa de répondre que c'était fort heureux que Mlle de Misseny eût songé à Mlle Paumelle.

Le soir, la jeune fille vint au presbytère, et le curé lui vanta fort naïvement la piété de Mlle de Misseny, en s'offrant à conduire lui-même Mignonne au château.

Mignonne soupira et ne résista plus.

La présentation eut lieu le lendemain.

Les choses tournèrent au gré de Bigorne. Mlle de Misseny fut ravie de la petite.

Mignonne trouva Mlle de Misseny excellente, et se laissa séduire par l'accueil cordial et mignard de la bonne vieille.

M. Anatole était à la chasse.

Mignonne s'en alla sans l'avoir vu; mais elle promit de revenir le lendemain, à cinq heures, et de se mettre à l'ouvrage pour continuer la fameuse tapisserie.

Le lendemain, comme on le pense bien, M. Anatole s'y trouvait.

Il était rentré la veille, un peu après le départ de la jeune fille, et la tante s'était extasiée sur elle.

M. Anatole, qui déjà, sans se rendre bien compte peut-être de la situation nouvelle de son esprit et de son cœur, se trouvait chaque jour une demi-douzaine de prétextes pour passer devant la maison d'école et apercevoir la jeune fille, M. Anatole, disons-nous, n'était pas allé à la chasse.

Quand la jeune fille entra dans le salon, il s'y trouvait.

Elle le salua en baissant les yeux, et il fut un peu troublé.

Mais la vieille demoiselle ne s'aperçut de rien.

Elle garda Mignonne à dîner.

Puis, après le dîner, Mignonne se remit à l'ouvrage.

M. Anatole ne bougea pas.

A six heures, la vieille demoiselle dit à son neveu :

— Anatole, vous allez offrir votre bras à Mlle Paumelle et la reconduire.

— Oui, ma tante, répondit le jeune homme d'une voix étranglée.

La veille et peut-être le matin, si on eût dit au timide gentilhomme : Vous aurez, ce soir, pendant un grand quart d'heure, Mlle Mignonne au bras; vous vous en irez seuls, par les petits sentiers déserts, il eût frissonné de joie.

Maintenant il était comme effrayé de cette mission qu'on lui donnait.

Mignonne tremblait un peu en posant le

bout de sa main sur l'avant-bras du jeune homme.

M. Anatole marchait d'un pas mal assuré.

A peine échangèrent-ils quelques mots.

Ces deux enfants s'aimaient déjà, et peut-être n'oseraient-ils jamais se le dire.

L'amour est parfois instantané, et ferait volontiers croire à la transmission des âmes et à la pluralité des existences. Qui sait? Ces deux âmes qui frémissent au premier contact et qui, naguère, se croyaient inconnues l'une à l'autre, n'ont-elles pas été sœurs autrefois?

Et, comme ils arrivaient dans la grand'rue de Saint-Florentin, ils se croisèrent avec un homme qui marchait assez rapidement et qui, à leur vue, éprouva une espèce de commotion électrique.

Cet homme, c'était le Mulot, qui sortait du café de l'Univers.

Mais M. Anatole et Mignonne ne le virent point.

Recueillis et silencieux, vivant pour ainsi dire en eux-mêmes, leurs âmes étaient loin sans doute de cette terre qu'ils foulaient.

FIN DU PREMIER VOLUME

Typographie E. PANCKOUCKE, quai Voltaire, 13.

www.ingramcontent.com/pod-product-compliance
Lightning Source LLC
Chambersburg PA
CBHW060411170426
43199CB00013B/2100